大学入試 全レベル問題集

世界史

［世界史探究］

岩田一彦 著

1 基礎レベル

新装新版

JN046935

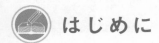

はじめに

　古代ギリシアの歴史家ヘロドトスは，紀元前5世紀に起こったペルシア戦争を主題に「historiai（ヒストリアイ）」を著しました。その冒頭で，「ギリシア人と異邦人がなぜ争ったのかという事実とその情報が忘れ去られぬように，探求したところを物語る」と，本を書いた理由を記しています。ヘロドトスが表題としたギリシア語の「historiai」は，「①事実の探求・調査　②知識・情報　③物語・説明」などを意味しています。ギリシア語を語源とするフランス語のhistoire，イタリア語のstoriaも「歴史」と「物語」の両方の意味をもっています。

　しかし，英語のhistoryは，世の中や物事の移り変わりに伴って発生した事実，またその記録をさし，「歴史」と訳されます。いっぽう，語頭音のhiが落ちたstoryという単語もあります。storyは，人間が想像して作り上げた話・物語ととらえ，historyと使い分けられています。

　historyとstoryは，同一の語源に由来しますが，historyのおもな要素である「人々・場・時」を，仮想なものに入れ替えたり，口承や伝説を取り入れると，それは，storyに変貌します。

　嘘とも真実ともわからない情報が，一瞬にして広がってしまう現在，わたしたちは，ヘロドトスから「事実を探求」することの大切さを学ぶべきでしょう。

　大学入試・世界史の問題の中には，文章の正誤を判定して基礎的な理解力と知識がしっかり身についているかどうかを問う出題が散見されます。すなわち，history（歴史的事実）とstory（作り話）が混在した選択肢のなかから，historyを選択する問題です。本書は，これらの問題例を含めて，理解力と基礎知識が問われている過去の入試問題を精選して構成しました。本書が，世界史の事実を探る羅針盤になることを願っています。

岩田一彦

著者紹介：**岩田一彦**（いわたかずひこ）

　旺文社『螢雪時代』アドバイザー。「大学受験ラジオ講座」の講師，編集顧問を歴任。著書に『大学受験 ココが出る!! 世界史ノート　歴史総合，世界史探究［四訂版］』，『高校とってもやさしい世界史』（旺文社），『世界の歴史 人物事典』，『世界の歴史 出来事事典』（集英社）などがある。

本シリーズの特長と本書の使い方

1. 自分のレベルに合った問題を短期間で学習できる！

大学の難易度別の問題集シリーズです。大学入試を知り尽くした著者が，過去の大学入試から問題を厳選し，レベルに最適な解説を執筆しました。自分にぴったりな問題と解説で理解が深まり，知識が定着します。

2. 世界史の基礎力がつく 『①基礎レベル』！

「基礎」と位置づけられる内容の問題を精選しました。問題を解いて自分の基礎力を確認し，解けなかった問題は，解説を読んで着実に理解しましょう。

3. 学習効率重視の構成！

問題を時代順に並べ，歴史の流れをつかみやすくしました。1テーマにつき，問題2または4ページ（本冊）＋解答解説2ページ（別冊）で使いやすい構成です。ほぼ全問題に解説を付けました。間違えた問題はもちろん，正解した問題の解説も読み，自分の理解を確かなものにしましょう。解説内の「まとめて覚える！」や「知って得する！」などの囲みは，紛らわしい用語や関係の深い項目をまとめました。つながりを意識して，しっかりと記憶に残しましょう。

4. 世界史の学習法も掲載！

6から9ページに「いち押し！ 基礎を固める学習法」として，世界史の学習ポイントを詳しく解説しました。

目 次

本書で使用している入試問題は，原典の様式を尊重して掲載していますが，一部の問題のみを抜き出す，解答を補うなどの改題を適宜行っています。また編集上の都合により，設問文や問題番号などは，本書内で統一している箇所もあります。

3章　一体化へ進む世界と反動

4章　地球世界の形成と混迷

装丁デザイン：ライトパブリシティ　　本文デザイン：イイタカデザイン　　編集協力：株式会社シナップス

校閲：和中正太／余島編集事務所

いち押し！ 基礎を固める世界史学習法

●丸暗記は，百害あって一利もない

　大学受験を意識した途端，"なにはともあれ，教科書の太字くらいは全部覚えなきゃ"と，暗記を重視する人がいます。たしかに世界史は覚えなければならない用語が大変多いです。でも，脈絡もなく，ただ用語を機械的に記憶しても，幅広い時代や地域，さまざまな角度から出題される入試問題には，対応できません。

●画家に見習ってアウトラインをデッサンしよう

　歴史の勉強で，もっとも大事なことは，歴史の大きな流れを理解することです。たとえば，これから絵を描こうとしている画家を例にあげてみましょう。画家はキャンバスや絵の具，絵筆など，自分にしっくり馴染んでいる用具一式を手元にそろえ，これから描こうとする対象をじっと見つめています。やがて，おもむろにデッサン用の鉛筆を手にとり，対象のアウトラインを太い線，細い線で描きながら，さらに個別箇所を付け加え，明暗を付けていきます。長い時間をかけてデッサンしたあと，さらに修正を繰り返し，輪郭や濃淡を整えます。デッサンがひと通り終わったあと，自分の目にかなった絵の具を調合し，絵筆にしっかり絵の具を含ませ，重ね塗りを繰り返し，さらにディテールや光と陰を丁寧に描き，納得したところで絵筆をおろします。レオナルド＝ダ＝ヴィンチ，レンブラント，フェルメールなど巨匠といわれる画家たちは，デッサンに長い時間をかけました。

　世界史の学習も，画家が絵を描くのとまったく同じ作業なのです。使い慣れた教科書を，「先史の世界」から「現代」まで通読し，世界史のアウトライン＝大きな流れを理解することが出発点です。世界史を「暗記科目」などと思い込んで，出来事や人名，年代などをいきなり覚える学習は，ディテールを真っ白いキャンバスに，脈絡もなくところ狭しと描くのと何ら変わりありません。失敗作にしないためにも，まず，しっかりと歴史のアウトラインをデッサンすることから始めましょう。

●「いつ・どこ・なに・だれ」を徹底マーク

　世界史の全体像のデッサンがひと通り終わったら，次にアウトライン＝歴史の流れに沿って，ディテールを正確に肉付けしましょう。具体的には「いつ（when）・どこ（where）・なに（what）・だれ（who）」の4wを徹底的にマークすることです。

　ところで，「いつ・どこ・なに・だれ」という項目は，事件の解明に努める探偵や刑事が，いつも心がけていることばかりです。ということは，教科書の記述の大半は，事件の調書によく似ているのです。その調書のページをめくっている"自分"を，名探偵か，物事をてきぱきと処理する刑事と見立てることもできます。事件の調書＝教科書の内容を徹底的に分析し，出来事の真相を追い，解明することが，名探偵・うできき刑事の使命です。

　たとえば，4wのうち，「だれ」＝出来事の当事者の名前だけを記憶しても，問題の解決にはいたりません。当事者の考え方や心情，関係する人物群，当事者が生きた時代や社会の状況などの情報も，ある程度把握することが必要です。

　「なに」＝出来事についても，その原因や背景，さらにその結果や影響なども，幅広く考えることがたいせつです。

　また，事件の起こった「どこ」や関連する人物などの足取りなどを，地図で正確に確認しなくてはいけません。すなわち，世界史上の民族やヒトの移動，文化の伝播経路，国（王朝）の時代ごとの領域，事件の場となった都市や戦場・条約の締結地，さらに遺跡の所在地など，実際にその場に立ち合うことは不可能なので，しっかり地図で現場検証することがたいせつです。その際，隣接する半島・河川・山脈などを手がかりにして，その位置を確認しましょう。特に，河川流域に位置する都市については，上流域か下流域か，左岸か右岸か（川の下流に向かっての左右）にも注意してください。

　「いつ」についても，教科書の本文中で扱われている年代のなかで，歴史の流れに沿って，大きな転換につながる「年代」にしぼって記憶しましょう。細かな年代を追いかけるのは，かえって迷路に踏み込む危険があるので，絶対近づかないことです。

４ｗとそれに関連する情報を押さえることが，理解を深めるコツです。ただ覚えるだけでは，世界史の基礎力を固めることはできません。

　次に，調書（教科書）の欄外には，真相を解明する重要なヒントが記されていたり，出来事の現場に関する地図や証拠の絵画・写真，目撃者の証言や当事者の言葉，関連文書まで添えられていたりすることもあります。これを見逃すようでは，名探偵もとんだ笑い者にされてしまいます。世界史の勉強も，教科書の本文の記述を「理解し，考える」，そして「いつ・どこ・なに・だれ」を確認しながら，これらの補助資料を活用することで，出来事の全貌が解明できるのです。

　一つの事件の真相が解明されたら，ただちに次の事件に挑戦するのが，名探偵というものです。次々と事件の真相が解明されれば，ヤル気も起こってくるものです。教科書は，推理小説よりも楽しく読み進むことのできる事件の調書なのです。

●欠かせない事件メモ

　名探偵は，事件の真相を解明していく過程で，事件メモを必ず携帯しています。世界史の学習でも，メモすなわちオリジナルノートは欠かせません。他人に見せるものでもないし，いわんや，レポート・論文でもないので，自己流につくればよいのです。ただし，あとから見て“アレ〜！ なんだったかな〜？…”では，事件の真相を解明する手がかりにはならないし，メモした価値もありませんから，丁寧に分かりやすく，工夫したものを作ることです。まず，出来事の「原因・背景」「推移・経過」「結果・影響」が，スムーズに理解できるように，フローチャートや箇条書きを多用し，視覚的な絵文字なども借用すれば，贅肉も取れ，出来事の全体像をスリムにまとめることができます。次に，流れに沿って関連する「いつ・どこ・だれ・なに」を付け加えていくと，個々のデータも系統的に整理できます。頭脳を働かせた思考と，目と手を使った記録によって，記憶は鮮明に残ります。

　また，中国や東アジア世界には，漢字の名詞がやたらと多く，しかも，まちがいやすい。たとえば，秦代の「焚書坑儒」（焚書抗儒は×），清末の「戊

戌の政変」（戊戌の政変は×）などは，やっかいな漢字です。気がめいっても，これはもう，日頃から丁寧に書いて覚えるしかありません。

　ところで，教科書には，重要な歴史用語とともに，「港市国家」や「冊封体制」など聞き慣れない用語が，しばしば登場します。理解できない，あるいは理解が浅いと感じる用語は，学習の都度，用語集や小辞典で必ず調べ，その内容をオリジナルノートに付け加える作業が欠かせません。名探偵として難事件を解明できるか，それとも迷探偵で事件を迷宮入りさせるかは，すべてこのノートにかかっています。

●最後の詰めは，真相解明の確認作業

　事件の真相が解明されたかどうかを，ほかの角度から検証する確認作業も必要です。また，記憶は，時間が経つと薄れてしまいますから，保持する作業も必要です。この作業が問題演習です。出来事の因果関係とそれに関連する「いつ・どこ・なに・だれ」が，頭のなかできちんと理解され，整理されていなければ，答えは導きだせません。問題演習で，記憶を呼び覚まし，知識の定着に努めることです。

　世界史の学習を進めるとき，画家の姿勢を忘れずに，大作でなくとも，名作を完成することを心がけましょう。また，名探偵になったつもりで，歴史の真相を探求し，解明していくことを常に心がければ，楽しく学習することができます。地道に積み重ねた学習が，入試問題にもしっかり対応できる理解力と知識量を身につける着実な道程であるといえます。

解答・解説：別冊 p.2

1 先史の世界・古代オリエント世界

1 次の文章を読んで，あとの各問に答えなさい。　（東京経済大）

　(a)人類の文明は，大河の流域で生まれた。ティグリス・ユーフラテス川，ナイル川，インダス川，黄河などの各流域で起った文明は四大文明とよばれ，後の各地域の発展に大きな影響を与えた。

　メソポタミアでは，シュメール人によって前4000年ごろから前3000年紀にかけて強力な神権政治が開始され，灌漑農業が発達した。人口の増加とともに，都市国家は発展し，今日にも続く考え方や技術が生まれた。前19世紀に入ると，(b)セム語族が(c)古バビロニア王国を建てて，やがてメソポタミア全土を支配した。

　エジプトでは，多数の小国家が成立していたが，前3000年ごろ，それらを統一する王国が成立した。この(d)古王国時代を経て，(e)中王国時代になると，外部との交流をさかんに行い，紅海沿岸にも進出した。(f)異民族の支配を受ける時代を経て，前16世紀になるとエジプト人が国家を再統一し，(g)新王国時代が始まる。メソポタミアからエジプト一帯を含めたオリエント地域では，前1000年紀ごろから(h)地中海全域に文明が広がっていった。

☐ **問1**　下線部(a)に関連して，人類の進化についての記述として最も適切なものを，次の①～④の中から一つ選びなさい。

　　① 北京原人は火を使用していた。

　　② ジャワ原人は剝片石器をつくっていた。

　　③ 猿人は洞窟に絵画を描いていた。

　　④ 猿人は死者を埋葬していた。

☐ **問2**　下線部(b)に関連して，古バビロニア王国を建てたセム語族の名称として最も適切なものを，次の①～④の中から一つ選びなさい。

　　① アッカド人　　② スキタイ人　　③ カルデア人　　④ アムル人

☐ **問3**　下線部(c)に関連して，古バビロニア王国の記述として最も適切なものを，次の①～④の中から一つ選びなさい。

　　① 首都はウルであった。　　② 一神教が広まった。

　　③ 初めて貨幣が鋳造された。　　④ 「ハンムラビ法典」がつくられた。

□ 問4　下線部(d)に関連して，古王国時代の記述として適切でないものを，次の
　　　①～④の中から一つ選びなさい。

　　　　　① 神ヤハウェが信仰された。　　② 首都はメンフィスとされた。

　　　　　③ 測地術が発達した。　　　　　④ ピラミッドがつくられた。

□ 問5　下線部(e)に関連して，中王国時代に関する記述として最も適切なものを，
　　　次の①～④の中から一つ選びなさい。

　　　　　① 1年を365日とする太陰暦がつくられた。

　　　　　② テーベが初めて首都とされた。

　　　　　③ エジプトに住みついたヘブライ人達が，モーセにひきいられてパレス
　　　　　　チナに脱出したとされる。

　　　　　④ 楔形文字のヒエログリフ(神聖文字)が用いられた。

□ 問6　下線部(f)に関連して，一時シリアからエジプトに侵入し，エジプトを支
　　　配した人々の名称として最も適切なものを，次の①～④の中から一つ選びな
　　　さい。

　　　　　① アラム人　　② ヒクソス　　③ フェニキア人　　④ ヘブライ人

□ 問7　下線部(g)に関連して，新王国時代の記述として適切でないものを，次の
　　　①～④の中から一つ選びなさい。

　　　　　① 当初首都はテーベであった。

　　　　　② アメンホテプ4世は自らイクナートンと名乗った。

　　　　　③ 写実的な芸術作品がつくられた時期がある。

　　　　　④ アトン(アテン)神を代表とする多神教が栄えた。

□ 問8　下線部(h)に関連して，当時の地中海地域の記述として最も適切なものを，
　　　次の①～④の中から一つ選びなさい。

　　　　　① アラム人は，シドンやティルスなどの海港都市を拠点にした。

　　　　　② アラム語は，国際商業の共通語として西アジアで広く用いられた。

　　　　　③ ヘブライ人は，ダマスクスを中心に繁栄した。

　　　　　④ カルタゴは，ヘブライ人の建設した植民地だった。

2　次の文章(1)～(3)を読んで，あとの問いに答えよ。　　　　（大阪経済大）

(1)　メソポタミア南部では，㋐シュメール人が[　イ　]といった都市国家を建

設し栄えていたが，[　**ウ**　]語系のアッカド人によって征服された。アッカド人はメソポタミアを支配したが，これにかわったのが，[　**エ**　]人である。彼らは(オ)バビロン第1王朝(古バビロニア王国)をおこした。

□ **問1**　下線部(ア)に関する説明として，最も適切なものを以下から選べ。

　　① バビロン捕囚を経験した。

　　② 彼らの文字は，ロゼッタ＝ストーンに記録されていた。

　　③ 楔形文字をつくった。

　　④ オシリスを唯一神として信仰した。

□ **問2**　空欄**イ**にあてはまる最も適切なものを以下から選べ。

　　① ウルク　　② シドン　　③ ザンジバル　　④ カデシュ

□ **問3**　空欄**ウ**にあてはまる最も適切なものを以下から選べ。

　　① ウラル　　　　　　　　② セム(アフロ＝アジア)

　　③ アルタイ　　　　　　　④ インド＝ヨーロッパ

□ **問4**　空欄**エ**にあてはまる最も適切なものを以下から選べ。

　　① フェニキア　　② アラム　　③ カナーン　　④ アムル

□ **問5**　下線部(オ)に関する説明として，最も適切なものを以下から選べ。

　　① サルゴン(1世)の時に，メソポタミアを統一した。

　　② 王の称号は，ファラオである。

　　③ 写実的なアマルナ美術がうまれた。

　　④ ハンムラビ王によってハンムラビ法典が制定された。

(2) 前7世紀，オリエントは(カ)アッシリア王国によって統一された。しかし，この王国は重税と圧政によって諸民族の反抗をまねき，崩壊した。その後，オリエントは(キ)4つの王国に分裂したが，イラン人(ペルシア人)の[　**ク**　]がおこした(ケ)アケメネス(アカイメネス)朝によって再び統一された。

□ **問6**　下線部(カ)に関する説明として，最も適切なものを以下から選べ。

　　① マグリブでおこった。

　　② 政治的単位は，ノモスとよばれた。

　　③ 学院(マドラサ)が建てられた。

　　④ ミタンニ王国に一時服属していた。

□ **問7**　下線部(キ)に関して，4つの王国に含まれるものとして明らかに適切でな

いものを以下から選べ。

① 新バビロニア(カルデア) ② バクトリア

③ リディア ④ メディア

□ 問8 空欄**ク**にあてはまる最も適切なものを以下から選べ。

① キュロス2世 ② ラメス(ラメセス)2世

③ ホスロー1世 ④ ダレイオス1世

□ 問9 下線部(**ケ**)に関する説明として,最も適切なものを以下から選べ。

① 「海の民」の侵入に苦しめられた。

② 太陰暦が歴史上初めて採用された。

③ 各州に知事(サトラップ)が置かれた。

④ 六十進法がつくられた。

(3) 前3世紀半ばに,セレウコス朝領土のカスピ海南東部にいたイラン系の遊牧民は,(コ)パルティアを建国し,メソポタミアも支配して,東西交易の独占で繁栄した。パルティアを倒して,建国されたのが,[**サ**]を都とした(シ)ササン朝で,(ス)ゾロアスター教(拝火教)を国教とした。

□ 問10 下線部(**コ**)に関する説明として,最も適切なものを以下から選べ。

① 中国名は,安息である。 ② 民用文字(デモティック)がつくられた。

③ 都をテーベにおいた。 ④ ペルシア戦争に敗れた。

□ 問11 空欄**サ**にあてはまる最も適切なものを以下から選べ。

① マリンディ ② クテシフォン ③ サルデス ④ スサ

□ 問12 下線部(**シ**)に関する説明として,最も適切なものを以下から選べ。

① 初代の王は,ネブカドネザル2世である。

② 「王の道」が整備され,駅伝制が導入された。

③ シャープール1世は,ローマ皇帝ウァレリアヌスを捕虜にした。

④ 1週7日制が確立した。

□ 問13 下線部(**ス**)に関する説明として,最も適切なものを以下から選べ。

① 各都市にジッグラト(聖塔)が建てられた。

② ヤハウェ(ヤーヴェ)を唯一神として信仰した。

③ マニが創始者である。

④ 教典は『アヴェスター』である。

２ ギリシア世界

１ ギリシアの歴史に関する文章を読み，あとの問い（問１～５）に答えなさい。

（同志社女子大）

　古代文明発祥地の一つであるギリシアは，バルカン半島南部，ペロポネソス半島，クレタ島などの島々からなり，前2000年紀にはクレタ文明や(a)ミケーネ文明が栄えた。前８世紀頃からポリスが形成され，植民活動が活発になって商工業も発展した。前500年に始まるペルシア戦争では，(b)アテネが中心となってアケメネス朝を退けた。その後デロス同盟の盟主となったアテネが強勢を誇ったが，これに反発するスパルタとの間にペロポネソス戦争がおこり，その後は有力ポリス間の争いが続いた。前４世紀後半になると，マケドニアが台頭して前338年の［　ア　］でアテネとテーベの連合軍を破り，コリントス同盟によってギリシアの諸ポリスを支配下においた。その後アレクサンドロス大王が大帝国を建設し，(c)ギリシア文化とオリエント文化が融合して(d)ヘレニズム文化が成立した。アレクサンドロス大王の死後には［　イ　］とよばれる後継者の争いがおこり，マケドニアにはアンティゴノス朝が成立した。

□ **問１**　文中の空欄［　ア　］・［　イ　］に入れる語の組合せとして正しいものを，次の①～④の中から一つ選びなさい。

　　① **ア**－イッソスの戦い　　　**イ**－ディクタトル

　　② **ア**－イッソスの戦い　　　**イ**－ディアドコイ

　　③ **ア**－カイロネイアの戦い　**イ**－ディクタトル

　　④ **ア**－カイロネイアの戦い　**イ**－ディアドコイ

□ **問２**　下線部(**a**)に関して，ミケーネ文明を発掘した人物として正しいものを，次の①～④の中から一つ選びなさい。

　　① シュリーマン　② シャンポリオン

　　③ エヴァンズ　　④ ヴェントリス

□ **問３**　下線部(**b**)に関して，アテネの民主政への歩みに関する出来事(ア)～(ウ)を年代の古い順に正しく並べたものを，下の①～⑥の中から一つ選びなさい。

　　(ア) ペイシストラトスが僭主政治を行った。

　　(イ) ソロンが財産政治を行った。

(ウ)　クレイステネスが陶片追放（オストラキスモス）の制度を定めた。

① (ア)−(イ)−(ウ)　　② (ア)−(ウ)−(イ)

③ (イ)−(ア)−(ウ)　　④ (イ)−(ウ)−(ア)

⑤ (ウ)−(ア)−(イ)　　⑥ (ウ)−(イ)−(ア)

□ **問4**　下線部(c)に関する説明として正しいものを，次の①〜④の中から一つ選びなさい。

① ヘラクレイトスは万物の根源を水と主張した。

② ホメロスは『神統記』を著した。

③ プロタゴラスは『国家』で哲人政治を理想とした。

④ トゥキディデスはペロポネソス戦争史を著した。

□ **問5**　下線部(d)に関して，太陽中心説を唱えた天文学者として正しいものを，次の①〜④の中から一つ選びなさい。

① エラトステネス　　② アリスタルコス

③ アルキメデス　　　④ プトレマイオス

2　次の文章を読み，あとの問いに答えよ。　　　　　　　　　　（東洋大）

　地中海は交通路として重要な役割を果たし，その沿岸は古代から一つの文化圏を形成してきた。前8世紀に入ると，ギリシア各地では(a)神殿を擁した[　**A**　]を中心におき，その周りに市場や集会を開く広場を配置した都市が建設されはじめ，同世紀の半ばには地中海全域と[　**B**　]沿岸に(b)植民市がつくられるようになった。ギリシア人はこれらの都市を拠点に当時の先進地域であるオリエントと交易し，その商業活動で用いられた[　**C**　]文字をもとにしたアルファベットをとりいれた。諸都市では(c)優れた哲学者・自然科学者が輩出され，後世に多大な影響をおよぼした。

問1　空欄[　**A**　]〜[　**C**　]に入る語句として最も適切なものを，次の中から一つずつ選べ。

□　[　**A**　]　① アクロポリス　　② アゴラ　　③ 凱旋門

　　　　　　　　④ クレーロス　　　⑤ コロッセウム（円形闘技場）

□　[　**B**　]　① アラビア海　　② 紅海　　　③ 黒海

　　　　　　　　④ バルト海　　　　⑤ 北海

□　[　**C**　]　① ギリシア　　　② 楔形　　　③ フェニキア

　　　　　　　④ ヘブライ　　　　⑤ ラテン

□　**問2**　下線部(a)に関連して，ギリシア人の信仰した宗教についての記述として
　　適切なものを，次の中から三つ選べ。ただし，四つ以上マークした場合はす
　　べて無効とする。

　　　① 多神教である。

　　　② 体系的な神官制度が発達した。

　　　③ 神は人間と同じ姿や感情をもつとされた。

　　　④ デルフォイ（デルフィ）の神託に重きがおかれた。

　　　⑤ ゼウス神を主神とする共通の教典をもった。

□　**問3**　下線部(b)に関連して，現在のナポリにあたるギリシア人の植民市の名称
　　として最も適切なものを，次の中から一つ選べ。

　　　① シラクサ　　② ニカイア　　③ ネアポリス

　　　④ マッシリア（マッサリア）　　⑤ ミレトス

□　**問4**　下線部(c)に関連して，万物の根源を水と考えた人物として最も適切なも
　　のを，次の中から一つ選べ。

　　　① ソクラテス　　　② タレス　　③ ピタゴラス

　　　④ ヒッポクラテス　　⑤ プラトン

3　次の文を読み，あとの設問に答えよ。　　　　　　　　　　　（摂南大）

　　古代ギリシアの[　**1**　]は小アジアの出身で，前5世紀中頃，政治的理由で
故郷を追われた。移り住んだアテネでは，民主政治を完成したと言われる
[　**2**　]とも交流があった。その[　**1**　]が著した『歴史』は (a)ペルシア戦争
を題材にしたもので，東方世界を広く旅し，見聞してえた伝承や地理的な情報
を取り込んで，各地の民族の風俗習慣も紹介している。

　　そのほぼ1世代あとには，アテネ出身の[　**3**　]が (b)ペロポネソス戦争を題
材とした『歴史（戦史）』を記した。このアテネとスパルタの戦争が勃発したと
きから，彼は長期戦になると予測し，観察を怠らなかった。[　**1**　]が幅広く
取材し，掘り起こした伝承を盛り込み，物語風に述べているのに対し，[　**3**　]
はより厳密な態度で史料と向き合い，誇張した描写や自己弁護をおさえよう

している。

問1　空欄[　**1**　]～[　**3**　]に入る，もっとも適切な語を⑦～⑦からそれぞれ一つ選べ。

☐　[　**1**　]　⑦　カエサル　　⑦　タキトゥス　　⑦　トゥキディデス
　　　　　　　⑦　ヘロドトス　　⑦　リウ（ヴ）ィウス

☐　[　**2**　]　⑦　クレイステネス　　⑦　ソクラテス　　⑦　ソロン
　　　　　　　⑦　ドラコン　　⑦　ペリクレス

☐　[　**3**　]　⑦　カエサル　　⑦　タキトゥス　　⑦　トゥキディデス
　　　　　　　⑦　ヘロドトス　　⑦　リウ（ヴ）ィウス

問2　文中の下線部(a)・(b)について，以下の問いに答えよ。

☐　(a)　ペルシア戦争に関する説明として，誤っているものを一つ選べ。

　　　⑦　イオニアのギリシア植民市が，ペルシアに対しおこした反乱が引き金になった。

　　　⑦　最初の2回の戦争でペルシア側の指導者はダレイオス（ダレオス）1世であった。

　　　⑦　アテネの重装歩兵軍はマラトンの戦いでペルシア軍を破った。

　　　⑦　アテネ・スパルタ連合軍はテルモピレーの戦いでペルシア陸軍に勝利した。

　　　⑦　テミストクレスひきいるギリシア艦隊がサラミスの海戦で勝利した。

☐　(b)　ペロポネソス戦争とその前後の状況に関する説明として，誤っているものを一つ選べ。

　　　⑦　アテネを盟主としたデロス同盟はペルシア軍の再来にそなえて結成された。

　　　⑦　エーゲ海周辺のポリスが多数参加したデロス同盟内で，盟主アテネが勢力を強めた。

　　　⑦　スパルタを盟主としたペロポネソス同盟はデロス同盟に対抗した。

　　　⑦　この戦争中，アテネではデマゴーゴスが続出して衆愚政治におちいった。

　　　⑦　スパルタがマケドニアの支援を受けて勝利したが，その覇権は長つづきしなかった。

3 ローマ世界

1 次の文章を読み，あとの問いに答えよ。 （東北学院大）

　都市国家ローマの発展はその領域の拡大を促進し，また領域の拡大はローマのさらなる発展を導いた。ポエニ戦争では，[　**1**　]率いるカルタゴ軍に苦しめられたが，[　**2**　]がザマの戦いで勝利し，最終的にローマが西地中海の覇権を握ることとなった。さらに，[　**3**　]が政敵である[　**4**　]とクレオパトラの連合軍を破ったアクティウムの海戦の結果，その影響力は地中海全域におよぶこととなった。また，[　**5**　]による(A)ガリア遠征などの対外戦争により拡大したその支配領域は，初の(B)ヒスパニア出身の皇帝[　**6**　]が(C)ダキアを属州とするにおよんで最大となった。ただし，ローマ帝国の領土拡大は異民族との接触地域の拡大でもあった。後9年のトイトブルク森の戦いでゲルマン民族連合軍に敗北して以降，ローマ帝国が(D)ゲルマニアへの進出を断念したように，また[　**7**　]が異民族の侵入を防ぐために(E)ブリタニアに長城を築いたように，最盛期といわれる時代において，すでにローマ帝国は異民族の脅威に晒されていた。異民族の侵入が激化する3世紀になると，辺境防備にあたっていた軍人が相次いで皇帝になるなどして帝国は混乱した。同世紀後半になると，軍人皇帝の中に国家の安定を目指す者が現れた。[　**8**　]は，(i)広大な帝国領を分担して統治する体制を整えるなどの改革を行った。また，(ii)帝国東部にも拠点となる都市を築いた[　**9**　]は，[　**8**　]の政策を引き継ぎつつ(iii)強力な軍隊と官僚組織に支えられる政治形態を築きあげた。しかし，帝国の情勢はゲルマン系諸部族の動向に左右され続け，[　**10**　]の死後，帝国は(iv)東西に分裂するに至った。

□ **問1**　空欄[　**1**　]～[　**10**　]に入る最適語を次の[語群]から選び，記号で答えよ。

[語群]　① カエサル　② テオドシウス　③ ネルウァ
　④ コンスタンティヌス　⑤ ハドリアヌス　⑥ オクタウィアヌス
　⑦ カラカラ　⑧ ディオクレティアヌス　⑨ トラヤヌス
　⑩ ポンペイウス　⑪ スキピオ　⑫ ホルテンシウス
　⑬ アントニウス　⑭ ハンニバル　⑮ マリウス

□ 問2　下線部(A)～(E)について，それぞれの場所として正しいものを次の地図中の①～⑤から選び，記号で答えよ。

□ 問3　下線部(i)について，この体制を何というか。

□ 問4　下線部(ii)について，この都市を何というか。

□ 問5　下線部(iii)について，この政治形態を何というか。

□ 問6　下線部(iv)に関連して，①西ローマ帝国を滅ぼしたのは誰か。また，②東ローマ帝国(ビザンツ帝国)を滅ぼしたのは誰か。

2　次の文章を読み，あとの問い(問1～5)に答えよ。　　　　　　(中部大)

　紀元前27年，オクタウィアヌスが元老院からアウグストゥスの称号を与えられ，ここにローマの帝政時代が始まった。オクタウィアヌスは共和政の制度を残し[　1　]と自称したが，事実上の皇帝独裁であった。ローマ帝国は五賢帝の時代に最盛期を迎え，(a)帝国の領土も最大になった。

　[　2　]のときに帝国の全自由人にローマ市民権が与えられた。

　3世紀には，(b)ローマ帝国は危機に陥った。この危機に安定をもたらしたのが(c)ディオクレティアヌス帝である。コンスタンティヌス帝も帝国の安定のためのさまざまな改革を行なった。しかし以後の皇帝は混乱を収めることができず，[　3　]年，(d)帝国は東西に分割された。

　帝政時代にキリスト教が生まれた。キリスト教は民衆や国家から激しく迫害を受けたが，信者は地下墳墓である[　4　]などでひそかに礼拝を行ない，信仰を守り続けていた。帝政末期には，[　5　]などのキリスト教の思想家が正

統教義の確立につとめた。

問1　文中の空欄[　1　]～[　5　]に入れるのに最も適当なものを，次のそ
　　れぞれの(ア)～(エ)のうちから一つずつ選べ。

☐　[　1　] (ア) ディクタトル　　(イ) パトリキ　　(ウ) ヘレネス
　　　　　　　(エ) プリンケプス

☐　[　2　] (ア) カラカラ帝　　(イ) ネルウァ帝　　(ウ) ユリアヌス帝
　　　　　　　(エ) ハドリアヌス帝

☐　[　3　] (ア) 391　　(イ) 393　　(ウ) 395　　(エ) 397

☐　[　4　] (ア) コロッセウム　　(イ) カタコンベ　　(ウ) パンテオン
　　　　　　　(エ) アゴラ

☐　[　5　] (ア) タキトゥス　　(イ) アウグスティヌス　　(ウ) セネカ
　　　　　　　(エ) プルタルコス

☐ 問2　下線部(a)に関連して，領土が最大になったときの皇帝として最も適当な
　　ものを，次の(ア)～(エ)のうちから一つ選べ。

　　　　(ア) トラヤヌス帝　　(イ) マルクス・アウレリウス・アントニヌス帝
　　　　(ウ) ユスティニアヌス大帝　　(エ) アントニヌス・ピウス帝

☐ 問3　下線部(b)について述べた文として最も適当なものを，次の(ア)～(エ)のうち
　　から一つ選べ。

　　　　(ア) スパルタクスが指導する反乱が起こった。
　　　　(イ) 平民派と閥族派の対立が起こった。
　　　　(ウ) オスマン帝国の侵入が始まった。
　　　　(エ) 軍人皇帝時代になった。

☐ 問4　下線部(c)について述べた文として最も適当なものを，次の(ア)～(エ)のうち
　　から一つ選べ。

　　　　(ア) 聖像禁止令を発布した。　　　　(イ) 『自省録』を著わした。
　　　　(ウ) 四帝分治制(四分統治制)をしいた。　(エ) ガール水道橋の建設を命じた。

☐ 問5　下線部(d)に関連して，東ローマ帝国(ビザンツ帝国)について述べた文と
　　して誤っているものを，次の(ア)～(エ)のうちから一つ選べ。

　　　　(ア) テマ制が採用された。　　　　(イ) ハギア・ソフィア聖堂が建設された。
　　　　(ウ) 『ローマ法大全』が編纂された。　(エ) ホルテンシウス法が制定された。

3 次の文章を読み，あとの問い（問1〜3）に答えよ。

（中部大）

前6世紀末，ローマ人は異民族の［ **1** ］人の王を追放して共和政を樹立した。しかし，この共和政を実質的に支配していたのは貴族の会議である［ **2** ］であったため，貴族に対して平民の反抗が起こった。前5世紀には (a)護民官 の制度が生まれ，平民会も設置された。その後 (b)前5世紀半ばから前3世紀前半にかけて制定された諸法によって，平民と貴族の政治上の権利がしだいに平等になった。

問1 文中の空欄［ **1** ］・［ **2** ］に入れるのに最も適当なものを，次のそれぞれの(ア)〜(エ)のうちから一つずつ選べ。

□ ［ **1** ］ (ア) クメール (イ) エトルリア (ウ) チャム (エ) アムル
□ ［ **2** ］ (ア) 元老院 (イ) 貴族院 (ウ) 上帝会 (エ) 枢密院

□ **問2** 下線部(a)「護民官」に関する説明として最も適当なものを，次の(ア)〜(エ)のうちから一つ選べ。

(ア) 貴族に対して平民を守る権限をもち，平民から選ばれた。

(イ) 独裁官として非常時に独裁権を行使することができた。

(ウ) 貴族のなかから公平で有徳な人物が選ばれて，平民への過度の暴力を取りしまった。

(エ) コンスルとも呼ばれ，共和政下の貴族と平民の調停役となった。

□ **問3** 下線部(b)に関する説明として最も適当なものを，次の(ア)〜(エ)のうちから一つ選べ。

(ア) 前5世紀半ばにリキニウス・セクスティウス法が制定されて，執政官は全員必ず平民から選出すると定められた。

(イ) 前3世紀前半にホルテンシウス法が制定され，平民会の決議も国法となった。

(ウ) 前4世紀にホルテンシウス法に続いてリキニウス・セクスティウス法が制定されて，貴族と平民の間の婚姻が合法化された。

(エ) 前3世紀に入って十二表法が制定されたが，これは債務に関する法のみを定めたものであった。

4 アジア・アメリカの古典文明

1 次の①〜⑥の古代インドの王朝名は何か。また，[**あ**]〜[**え**]に適切な人名を入れよ。
（東北福祉大）

□① 7世紀の前半にインド北部を統一した王朝。建国者は[**あ**]王である。彼の時代には，唐僧玄奘がインドを訪れて仏教を学んでいる。

□② 紀元後1世紀に，イラン系遊牧民がインダス川流域に建てた王朝である。生まれてまもない大乗仏教がその保護を受けている。2世紀半ばの[**い**]王の時代が全盛期である。

□③ 4世紀に興り，インド北部を統一した王朝である。[**う**]の時代が全盛期である。また，この王朝の時代にはインド古典文化が栄えた。

□④ 前1世紀に興り，デカン高原を中心に勢力を伸ばしたドラヴィダ系の王朝である。仏教やジャイナ教等が盛んで，東南アジアや，特にローマとの交易で栄えた。

□⑤ インド南部のドラヴィダ系タミル人の王朝である。全盛期は10〜11世紀で，スリランカ北部も支配下に置き，スマトラのシュリーヴィジャヤ王国へも遠征している。「海の道」による交易活動が活発であった。

□⑥ この王朝の全盛期は，前3世紀の第3代の[**え**]王の時代である。王は仏教に帰依し，ダルマに基づく統治を志向した。

2 次の文章を読み，あとの問いに答えよ。
（東洋大）

インドではインダス文明が衰退した後，(a)前1500年頃にはインド＝ヨーロッパ語系のアーリヤ人がインダス川中流域に進入し，前1000年をすぎるとガンジス川上流域に進出した。彼らはバラモン教と呼ばれる宗教を信仰したが，前6世紀頃になると従来のバラモン教とは異なる(b)仏教やジャイナ教などの新しい宗教が誕生し，一方バラモン教も，民間信仰などを取り入れてヒンドゥー教の基礎を確立した。北インドでは，4〜5世紀の(c)グプタ朝期にインド古典文化の黄金期をむかえたが，7世紀のヴァルダナ朝衰退後は群雄割拠が続いた。

□**問1** 下線部(a)について述べた文として最も不適切なものを，一つ選べ。

① アーリヤ人は，火や雷など自然神を崇拝した。

②　この時代，祭儀が重視されたが，それに精通したバラモンの権威が高まった。

③　アーリヤ人は，移動した土地で先住民とまじわり定住農耕社会を形成した。

④　前1000年をすぎると，アーリヤ人は青銅器にかわり鉄製の道具を使用するようになった。

⑤　前1000年頃，バラモン教では内面の思索を重視したウパニシャッド哲学がうまれた。

□ **問2**　下線部**(b)**について述べた文として最も不適切なものを，一つ選べ。

①　仏教の開祖ブッダは，動物を犠牲に捧げる供儀やヴァルナ制などを否定した。

②　マウリヤ朝のアショーカ王は，ダルマ（法，まもるべき社会倫理）を宣布した勅令を各地で崖や石柱に刻ませた。

③　紀元前後には，出家者がきびしい修行により自身の救済を求める菩薩信仰が広まった。

④　クシャーナ朝では，ヘレニズム文化の影響をうけ，仏像がうみだされた。

⑤　竜樹（ナーガールジュナ）は，大乗仏教の教理を体系化した。

□ **問3**　下線部**(c)**に関連して挙げた事項のうち最も不適切なものを，一つ選べ。

①　細密画の誕生　　　　　　②　『マヌ法典』の完成

③　サンスクリット語の公用語化　④　法顕のインド来訪

⑤　カーリダーサの活躍

3　次の文章を読んで，あとの各問に答えなさい。　　　　（東京経済大）

　前4世紀には東南アジア地域に独特の青銅器や鉄製農具を特徴とする (a)ドンソン文化が発展した。紀元前後からインドや中国との交流が活発になり，1世紀末には (b)東南アジア最古とされる王朝がメコン川下流に生まれた。メコン川中流域では7世紀に (c)真臘が勢力を強め，8世紀なかばに国家はいったん分裂したが，9世紀初めにアンコール朝によって再統一された。

　8世紀なかばにジャワ島中部にシャイレンドラ朝が興り，壮大なボロブ

ドゥール寺院が建立されたが，この王朝の滅亡後，(d)10〜13世紀にはクディリ朝とシンガサリ朝が繁栄し，ジャワ文化が発達した。

□ **問1** 下線部(a)に関連して，ドンソン文化の中心地として最も適切なものを，次の①〜④の中から一つ選びなさい。

    ① ジャワ島　② ヴェトナム北部　③ ルソン島　④ メコン川流域

□ **問2** 下線部(b)に関連して，この王朝の名称として最も適切なものを，次の①〜④の中から一つ選びなさい。

    ① チャンパー(林邑)　　② パガン

    ③ 扶南　　　　　　　④ シュリーヴィジャヤ(室利仏逝)

□ **問3** 下線部(c)に関連して，真臘を建国した民族として最も適切なものを，次の①〜④の中から一つ選びなさい。

    ① モン人　② チャム人　③ ピュー人　④ クメール人

□ **問4** 下線部(d)に関連して，これらの王朝でとくに信仰された宗教として最も適切なものを，次の①〜④の中から一つ選びなさい。

    ① 大乗仏教　② ジャイナ教　③ イスラーム教　④ ヒンドゥー教

4 次の文を読んで，あとの設問に答えなさい。　　　　　　　　　(獨協大)

北アメリカでは狩猟・採集中心の生活・文化が展開されたのに対して，メソアメリカやアンデス地域では(1)農耕が進み，特徴のある高度な文明が生まれたという違いがある。

メキシコ湾岸では前1200年頃までに，巨石人頭像で知られる[　**1**　]文明が生まれた。ユカタン半島で生まれた(2)マヤ文明は4世紀から9世紀にかけて繁栄し，ピラミッド状の建築物を築造し，マヤ文字と呼ばれる文字を用いた。メキシコ高原では14世紀に　**A**　王国が打ち立てられ，　**A**　の文明はピラミッド状の神殿を築造し，絵文字を用いた。さらに，アンデス地域では15世紀に[　**2**　]を中心とした広大な(3)インカ帝国が成立し，インカの文明は険しい山岳地帯に都市をつくることができるほど石造建築技術に優れていた。

このように独自の文明を発展させた(4)メソアメリカとアンデス地域の諸国家であったが，16世紀に入ると，スペイン王室がアメリカに送り込んだ[　**3**　]の率いる軍隊に次々と屈することになった。1521年には，[　**4**　]が

　　 A 　王国を破り，1533年には［　**5**　］がインカ帝国を滅ぼした。

□ **問1**　文中の空欄　 A 　にあてはまる語句をカタカナ4文字で書きなさい。

　問2　文中の空欄［　**1**　］〜［　**5**　］にあてはまる語句を以下の語群から選び

　なさい。

　〔語群〕

□　［　**1**　］　㋐　チャビン　　㋑　テオティワカン　　㋒　トルテカ

　　　　　　　㋓　オルメカ

□　［　**2**　］　㋐　テノチティトラン　　㋑　クスコ　　㋒　チャンチャン

　　　　　　　㋓　ポトシ

□　［　**3**　］　㋐　エンコミエンダ　　㋑　レコンキスタ

　　　　　　　㋒　コンキスタドール　　㋓　アシエンダ

□　［　**4**　］　㋐　ピサロ　　㋑　クライヴ　　㋒　バルボア　　㋓　コルテス

□　［　**5**　］　㋐　ピサロ　　㋑　クライヴ　　㋒　バルボア　　㋓　コルテス

□ **問3**　下線部(**1**)に関連して，大航海時代以降に世界各地に伝わった，アメリカ
原産の作物として，誤っているものを以下の中から選びなさい。

　　　㋐　サツマイモ　　㋑　トウモロコシ　　㋒　麦　　㋓　ジャガイモ

□ **問4**　下線部(**2**)に関する記述として，正しいものを以下の中から選びなさい。

　　㋐　六十進法を用いて高度な計算もこなしていた。

　　㋑　精密な暦を利用していた。

　　㋒　ナスカの地上絵を含む多くの芸術的作品を残した。

　　㋓　代表的な都市の遺跡としてマチュ＝ピチュが知られている。

□ **問5**　下線部(**3**)のインカ帝国またはその文明に関する記述として，誤っている
ものを以下の中から選びなさい。

　　㋐　灌漑施設を利用した農業をおこなっていた。

　　㋑　太陽を崇拝し，国王は太陽の化身とされていた。

　　㋒　文字はもたなかったが，縄の結び目によって記録を残した。

　　㋓　最盛期には領土が現在のベネズエラからアルゼンチンにまで及んだ。

□ **問6**　下線部(**4**)に関連して，これらの諸国家における文明で用いられたものと
して，正しいものを以下の中から選びなさい。

　　㋐　馬　　㋑　青銅器　　㋒　鉄器　　㋓　車輪

5 中国の古典文明～秦・漢

1 次の文章を読んで，あとの設問に答えなさい。　　　　（神奈川大）

　紀元前202年に成立した①前漢は，当初は国力も弱く匈奴の圧迫を受けていた。しかし第7代の武帝の時代，匈奴に対し反撃をはかり，中央アジアの[　A　]との連携を求めて張騫を派遣するなどの積極的な外交政策を展開した。また東北方面では[　B　]を滅ぼして楽浪などの4郡をおき，南方では[　C　]を滅ぼして，ベトナム北部を支配下に入れた。

　その後，前漢の皇帝権力は弱まり，②皇后の一族である王莽が帝位について前漢は滅びた。しかし，王莽の建てた新王朝は農民反乱などにより短期間で崩壊し，劉氏の一族の劉秀が25年，③後漢を建てた。

□ **問1**　空欄[　A　]に当てはまる語句を次の中から1つ選びなさい。

　　　a．安息　　b．吐蕃　　c．南詔　　d．大月氏

□ **問2**　空欄[　B　]に当てはまる語句を次の中から1つ選びなさい。

　　　a．渤海国　　b．衛氏朝鮮　　c．百済　　d．高句麗

□ **問3**　空欄[　C　]に当てはまる語句を次の中から1つ選びなさい。

　　　a．大越国　　b．扶南　　c．真臘　　d．南越

□ **問4**　下線部①の王朝の初代皇帝を次の中から1人選びなさい。

　　　a．劉備　　b．劉邦　　c．劉裕　　d．劉向

□ **問5**　下線部②に関連して，皇后や妃の親族を何と呼ぶか。最も適切なものを次の中から1つ選びなさい。

　　　a．旗人　　b．豪族　　c．外戚　　d．宦官

□ **問6**　下線部③の時代に著された『漢書』の著者を次の中から1人選びなさい。

　　　a．班固　　b．鄭玄　　c．司馬遷　　d．蔡倫

2 つぎの文章を読み，あとの設問に答えなさい。　　　　（愛知学院大）

　前11世紀，周の[　a　]は牧野の戦いで殷に勝利し，鎬京に首都をおいた。周王は一族や功臣に(1)領地を与えて世襲させ，各地を統治させる政策を採用した。やがて周王と世襲諸侯との関係は薄れていき，12代幽王のとき，異民族[　b　]の侵入により首都を奪われ，周は首都を[　c　]にうつした。これ以

26

降を春秋時代と呼ぶ。春秋時代，周王の権威を利用しつつ諸侯間の同盟を取り
しきる有力諸侯の[　d　]があらわれた。しかし⑵戦国時代に入ると周王の権
威は完全に失われ，諸侯は公然と王を称して争い，⑶七国が残った。

　下克上の世の中となった春秋戦国時代は，新しい思想が生まれた時代でも
あった。家族道徳を社会秩序の基本におく儒家の⑷孔子や[　e　]を唱えた孟
子，すべての根源である「道」への合一を求める道家の[　f　]など諸子百家
が活躍した。

□ **問1**　[　a　]にあてはまる人名をつぎのなかから選びなさい。

　　　ア．紂王　　**イ**．舜　　**ウ**．武王　　**エ**．禹

□ **問2**　下線部⑴について，周王から与えられた領地の呼称をつぎのなかから選
　　びなさい。

　　　ア．封土　　**イ**．郡　　**ウ**．県　　**エ**．州

□ **問3**　[　b　]にあてはまる民族名をつぎのなかから選びなさい。

　　　ア．犬戎　　**イ**．匈奴　　**ウ**．突厥　　**エ**．鮮卑

□ **問4**　[　c　]にあてはまる都市名をつぎのなかから選びなさい。

　　　ア．南京　　**イ**．北京　　**ウ**．成都　　**エ**．洛邑

□ **問5**　[　d　]にあてはまる語句をつぎのなかから選びなさい。

　　　ア．覇者　　**イ**．天子　　**ウ**．皇帝　　**エ**．卿

□ **問6**　下線部⑵で用いられた農具の鋤の形を模した青銅製貨幣の名称をつぎの
　　なかから選びなさい。

　　　ア．蟻鼻銭　　**イ**．円銭　　**ウ**．刀銭　　**エ**．布銭

□ **問7**　下線部⑶の1つである斉の国都をつぎのなかから選びなさい。

　　　ア．邯鄲　　**イ**．咸陽　　**ウ**．成都　　**エ**．臨淄

□ **問8**　下線部⑷に関して，孔子と弟子たちの言行録をつぎのなかから選びなさ
　　い。

　　　ア．『論語』　　**イ**．『楚辞』　　**ウ**．『春秋』　　**エ**．『詩経』

□ **問9**　[　e　]にあてはまる語句をつぎのなかから選びなさい。

　　　ア．性悪説　　**イ**．性善説　　**ウ**．無為自然　　**エ**．兼愛

□ **問10**　[　f　]にあてはまる人名をつぎのなかから選びなさい。

　　　ア．墨子　　**イ**．荘子　　**ウ**．荀子　　**エ**．韓非

6 魏晋南北朝～隋・唐

1 次の文を読んで，あとの問に答えよ。

（東北福祉大）

鮮卑の一氏族である[　あ　]が建てた北魏は，5世紀前半に第3代皇帝が華北を統一，その後第6代皇帝[　い　]は問2積極的な漢化政策を実施し，土地制度の[　う　]や村落制度の[　え　]を新たに導入して国力の充実を図った。しかしこうした政策に反発した軍人の反乱をきっかけに東西に分裂。北魏以後，北周までの華北の諸王朝を北朝という。一方，江南で東晋が倒れて後，問3短期間に興亡した四つの王朝を南朝と呼び，南北両朝の並立はおよそ1世紀半の間つづいた。魏晋南北朝時代には思想や文化の面で多くの動きが見られる。紀元前後に中国にもたらされた仏教は，亀茲出身の仏図澄による布教や，[　お　]による大乗仏典の漢訳などによって4～5世紀に本格的に広まり，各地に巨大な石窟寺院が造られた。古来の神仙思想と道家思想を基盤とする道教においても，北魏の[　か　]によって教団が形成された。また華麗な貴族文化が花開いた江南では，「女史箴図」を描いたといわれている画家[　き　]や書聖と称えられる[　く　]が優れた作品を生み出した。

□ 問1 [　あ　]～[　く　]に適切な語句を入れよ。

□ 問2 下線部に含まれないものを記号で答えよ。

　　　ア．鮮卑族の服装を漢人風に改める。

　　　イ．鮮卑族と漢人の間の通婚を禁じる。

　　　ウ．鮮卑族の言語を禁じる。

□ 問3 南朝の4つの王朝を左から古い順に記号で並べよ。

　　　ア．梁　**イ**．宋　**ウ**．斉　**エ**．陳

2 次の文章の下線部①～⑦についての問い（問1～7）に答えなさい。

（国士舘大）

隋末の群雄の中から頭角をあらわした李淵は①[　　　]年に唐を建国した。唐は第二代の太宗の時に支配が安定した。中央の統治機構として三省②六部・九寺・一台をおき，地方には州県制をしいた。唐の支配の根幹となったのは均田制・租庸調の税制・③軍制としての[　　　]であった。唐は太宗から次の高宗の

時代にかけて，対外的にも大発展し，東アジア世界の大半をその影響下に入れた。多くの異民族を統制する為に羈縻政策をとり，六つの都護府をおいた。高宗の没後，武韋の禍とよばれる混乱期があったが，④玄宗が即位して支配を安定させると，都の長安では⑤国際的な文化がさかえた。しかし，玄宗の末年におこった⑥安史の乱は唐の支配の根幹をゆるがすことになった。乱後，大土地所有の発展により，均田制・租庸調の税制は崩壊し，徳宗のとき，宰相楊炎の建議により⑦新しい税制である[　　　]が実施されることになった。

□ **問1**　下線部①について，唐が成立したのは何年か。①〜④の中から正しいものを一つ選びなさい。

① 589 年　　② 618 年　　③ 663 年　　④ 907 年

□ **問2**　下線部②について，六部の中で教育・祭祀を担当し，科挙を行ったのは何部か。①〜④の中から一つ選びなさい。

① 吏部　　② 戸部　　③ 刑部　　④ 礼部

□ **問3**　下線部③について，この軍制は何とよばれるか。①〜④の中から一つ選びなさい。

① 府兵制　　② 衛所制　　③ 八旗制　　④ 二十四軍の制

□ **問4**　下線部④について，玄宗の治世前半は華やかな時代だったが，これは何とよばれるか。①〜④の中から一つ選びなさい。

① 貞観の治　　② 慶暦の治　　③ 仁宣の治　　④ 開元の治

□ **問5**　下線部⑤について，唐代の文化の国際性を示すものとして，よく外国から伝わった宗教のことが挙げられるが，中国で祆教と呼ばれた宗教は何か。①〜④の中から一つ選びなさい。

① マニ教　　　　② ゾロアスター教

③ イスラーム教　　④ ネストリウス派キリスト教

□ **問6**　下線部⑥について，安史の乱が勃発したのは何年か。①〜④の中から一つ選びなさい。

① 751 年　　② 755 年　　③ 780 年　　④ 875 年

□ **問7**　下線部⑦について，この税制は何とよばれるか。①〜④の中から一つ選びなさい。

① 両税法　　② 一条鞭法　　③ 均輸法　　④ 地丁銀

解答・解説：別冊 p.14

7 イスラーム世界の形成

□ **1** 次の文を読み文中の[　A　]〜[　J　]に正しい語句，数字を記入しなさい。

（国士舘大）

　国際的な中継貿易地としてさかえた[　A　]の有力な部族であるクライシュ族のハーシム家に生れたムハンマドは幼い頃に父母を亡くしたが，有力商人である伯父のアブー＝ターリブに従ってシリア方面に行くことが多かった。ここでユダヤ教やキリスト教などの一神教に接して刺激を受け，610年頃にイスラーム教を創始した。しかし，大商人たちの迫害をうけ[　B　]年北方の都市に移り，ここでイスラーム教団を確立した。この事件はヒジュラ（聖遷）とよばれ，この年がイスラーム紀元元年とされる。ムハンマドは632年に没したが，イスラーム教徒は[　C　]とよばれるムハンマドの後継者の指導のもとで，アラビア半島をこえて発展することになった。第二代[　C　]のウマルの時にはビザンツ帝国からエジプトを奪取し，さらに642年にニハーヴァンド（ネハベント）の戦いで[　D　]朝ペルシアを破り，勢力を西アジア一帯に拡大した。これらの征服地の住民にはジズヤとよばれる人頭税と[　E　]とよばれる地租を課して財政の基礎とした。第四代[　C　]の[　F　]はムハンマドの従弟であり娘婿でもあったが，シリア総督の[　G　]と対立して暗殺され，[　G　]はウマイヤ朝を創始した。この事件がきっかけになり，[　F　]の子孫だけがイスラーム教徒を指導できるとする[　H　]派が形成されることになる。イスラームの勢力は更に拡大し，西方ではジブラルタル海峡をこえてイベリア半島まで進出し，711年にゲルマン国家の一つだった[　I　]王国を滅ぼした。このあと南フランスまで侵入したが，732年に[　J　]の戦いでフランク王国のカール（チャールズ）＝マルテルに敗れて阻止された。

□ **2** 次の文章の空欄[　ア　]〜[　ク　]に該当する項目としてもっとも適当なものをあとの語群(01)〜(20)のなかから1つ選びなさい。　（大阪学院大）

　ウマイヤ朝の時代にイスラーム勢力は北アフリカを西進し，8世紀初めにはイベリア半島にまで進出して西ゴート王国を滅ぼした。イベリア半島の大部分はイスラーム勢力の支配下に入ることになった。

8世紀にウマイヤ朝はアッバース朝に倒された。しかし，イベリア半島にはウマイヤ家の人々の一部が逃れ，そこに独立王朝，つまりは後ウマイヤ朝が成立することになる。後ウマイヤ朝は，大モスクでも知られる[　ア　]に都を置き，10世紀に最盛期を迎えた。

後ウマイヤ朝が滅んだのちもイベリア半島にはイスラーム勢力が残存したが，キリスト教勢力によるレコンキスタ〔国土回復運動〕により，その勢力範囲は縮小していった。レコンキスタは15世紀にナスル朝の都である[　イ　]が陥落することによって完了し，イベリア半島からイスラーム政権はなくなった。なお，ナスル朝の宮殿兼城塞である[　ウ　]宮殿は，スペイン＝イスラーム建築の代表的存在として有名である。

イベリア半島からは，イスラーム文化だけではなく，それを介して間接的に古代ギリシアの学問が西欧に伝えられた。かつて西ゴート王国の首都であった[　エ　]では，古代ギリシア語やアラビア語からラテン語への翻訳活動が盛んで，西欧の12世紀ルネサンスに影響を与えたのである。

北アフリカでは，10世紀にチュニジアにおこったファーティマ朝が，エジプトを征服して，新都カイロを建設した。エジプトでは，12世紀にサラディンによって[　オ　]朝が建てられ，さらに13世紀にはマムルーク朝がおこって，イスラーム支配がつづくことになる。なおカイロに創設された[　カ　]学院は，現存するイスラーム最古の大学・教育機関として知られる。

エジプトより西方の北アフリカ地域では，[　キ　]人によって11世紀にムラービト朝が，12世紀にはムワッヒド朝が建てられた。ムラービト朝が建設した都の[　ク　]は，次のムワッヒド朝においても首都とされた。哲学者・法学者・医学者として高名なイブン＝ルシュドが活躍したのは，ムワッヒド朝の時代である。

(01)　ブハラ　(02)　トレド　(03)　ミナレット　(04)　ヘラート　(05)　アズハル

(06)　マラケシュ　(07)　サーマーン　(08)　アイユーブ

(09)　クトゥブ＝ミナール　(10)　アラベスク　(11)　クルド

(12)　ニザーミーヤ　(13)　グラナダ　(14)　サマルカンド　(15)　コルドバ

(16)　マグリブ　(17)　エディルネ　(18)　ベルベル　(19)　ホラズム

(20)　アルハンブラ

8 イスラーム勢力の進出と文明

1 アフリカ史について述べた次の文章を読み，それぞれの設問に答えよ。

（松山大）

　現在知られている最古の黒人王国は，紀元前 10 世紀ころエジプトの南方に起こった[　**ア**　]王国である。その後，前 2 世紀にアクスム王国が成立し，4 世紀ころにはキリスト教を受容した。7 世紀なかごろエジプトに進出したイスラーム教徒は，やがて北アフリカから西アフリカ一帯に勢力を広めた。このころ西スーダンを中心に勢力を誇っていたのが[　**イ**　]王国である。同国が 11 世紀のムラービト朝の侵入により滅びたのち，13 世紀に[　**ウ**　]王国が起こった。同王国は，金の産地ワンガラ，バンブクを含めてガンビア川に達する大国に発展した。14 世紀には，ニジェール川湾曲部にある都市が商業，学問の中心地として栄えた（この都市は 2013 年現在，世界遺産都市に認定されている）。その後王国はしだいに衰退したが，第 5 代スレイマン王は版図の回復に努め，この時期に同王国を訪れたアラブ人歴史家イブン゠バットゥータがその繁栄ぶりと国内秩序の整然とした様子を記している。

　アフリカ南部には，11 世紀に[　**エ**　]王国が建てられ，インド洋交易で栄えた。現在，この地方には多数の巨大な石造遺跡が残されている。

□ **問1**　文章中の空所[　**ア**　]から[　**ウ**　]に入る語句の組み合わせとして正しいものを，次の中から 1 つ選べ。

① **ア**：ガーナ　**イ**：クシュ　**ウ**：マリ

② **ア**：ガーナ　**イ**：マリ　**ウ**：クシュ

③ **ア**：クシュ　**イ**：ガーナ　**ウ**：マリ

④ **ア**：クシュ　**イ**：マリ　**ウ**：ガーナ

⑤ **ア**：マリ　**イ**：クシュ　**ウ**：ガーナ

⑥ **ア**：マリ　**イ**：ガーナ　**ウ**：クシュ

□ **問2**　文章中の空所[　**エ**　]に入る語句として正しいものを，次の中から 1 つ選べ。

① ジンバブエ　② ソンガイ　③ メロエ　④ モノモタパ

2 次の文章の空欄［　ア　］〜［　カ　］に該当する項目としてもっとも適当なものを，あとの語群(01)〜(20)の中から1つ選びなさい。　（大阪学院大）

　7世紀ころに西アフリカにおこった［　ア　］王国は金の産出が豊かで，ムスリム商人を仲介として，サハラ砂漠の岩塩を金と交換するサハラ縦断交易で大いに栄えた。しかし，11世紀にモロッコのムラービト朝の攻撃によって衰退した。このムラービト朝の侵入は西アフリカのイスラーム化を促し，13世紀にマンディンゴ人の建てたマリ王国はイスラーム教を受容した。この王国は北アフリカとの交易やメッカ巡礼の経由地として繁栄し，14世紀にはモロッコの旅行家イブン＝バットゥータも訪問している。また，マリ王国最盛期の王である［　イ　］は，メッカ巡礼において大量の金を奉納したことで有名である。

　マリ王国は15世紀にソンガイ王国によって滅ぼされるが，それら両王国ともに，経済・文化の中心地は，サハラ砂漠の南縁で，ニジェール川の中流に位置する［　ウ　］であった。ここは11世紀以降，隊商貿易の終点として栄え，16世紀には黒人による最初の大学が創設されたことでも知られている。

　ムスリム商人はアフリカ東岸の海港都市でも活躍して，大きな影響を与えている。つまり，10世紀以降，アフリカ東岸の［　エ　］やモンバサなどの海港都市は，ムスリム商人が往来・居住してインド洋貿易の西の拠点として栄えたが，やがて，それら海岸地域にはアラビア語の影響を受けて成立した［　オ　］語が商業用語として広まり，それに伴う独自文化も形成されたのである。

　さらに南方のザンベジ川の南部には，11世紀にジンバブエを中心として［　カ　］王国が建国され，豊富な鉱産資源とインド洋貿易により繁栄した。ジンバブエ遺跡から出土する中国製陶磁器やインド産ガラス玉は，その繁栄とムスリム商人の活発な交易活動を物語っているといえよう。

(01) ナタール　(02) ガーナ　(03) ダホメ　(04) スワヒリ　(05) メロエ

(06) サモリ＝トゥーレ　(07) マジ＝マジ　(08) セウタ　(09) アドワ

(10) モノモタパ　(11) アマルナ　(12) アクスム　(13) エンクルマ

(14) ハルツーム　(15) トンブクトゥ　(16) ベニン　(17) キルワ

(18) アシャンティ　(19) ズールー　(20) マンサ＝ムーサ

9 ヨーロッパ世界の形成

1 次の文章を読んで，あとの問いに答えよ。　　　　　　　　　（大阪経済大）

　4世紀から5世紀にかけて，フン人がヨーロッパへ進出してくると，(ア)ゲルマン諸民族は圧迫されて大規模な移動を始めた。フン人は5世紀半ばにはアッティラ王によって統合され，ドナウ川中流域の[　**イ**　]を中心に大規模な勢力を築いた。しかし，451年[　**ウ**　]の戦いで西ローマ帝国・ゲルマン連合軍に敗れた。その後，西ローマ帝国はゲルマン人傭兵隊長[　**エ**　]によって皇帝が退位させられ滅亡した。

　民族移動の結果建てられた(オ)ゲルマン諸国家の多くは短命だったが，(カ)クローヴィスによって建てられたフランク王国は勢力を広げ，6世紀半ばには全ガリアを統一した。8世紀になると，アラブ人のイスラーム勢力が侵入してきたが，宮宰[　**キ**　]は732年トゥール・ポワティエ間の戦いでこれを撃退した。

□ **問1**　下線部(ア)に関して，移動したゲルマン諸民族の一つによって北アフリカに建てられた王国の名称として，最も適切なものを以下から選べ。

　　① ヴァンダル王国　　② ブルグンド王国

　　③ 西ゴート王国　　④ ランゴバルド王国

□ **問2**　空欄[　**イ**　]にあてはまる最も適切なものを以下から選べ。

　　① ウェールズ　② パンノニア　③ ガリア　④ ロンバルディア

□ **問3**　空欄[　**ウ**　]にあてはまる最も適切なものを以下から選べ。

　　① カタラウヌム　　② パーニーパット

　　③ カイロネイア　　④ プラッシー

□ **問4**　空欄[　**エ**　]にあてはまる最も適切なものを以下から選べ。

　　① マリウス　　② スキピオ　　③ オドアケル　　④ ハンニバル

□ **問5**　下線部(オ)に関し，ゲルマン諸国家で信仰されていたキリスト教の宗派として最も適切なものを以下から選べ。

　　① カルヴァン派　② パリサイ派　③ ルター派　④ アリウス派

□ **問6**　下線部(カ)に関し，クローヴィスによって建てられた王朝の名称として最も適切なものを以下から選べ。

　　① カロリング朝　　② トゥールーン朝

③ メロヴィング朝　④ ヴァロワ朝

□ 問7　空欄[　キ　]にあてはまる最も適切なものを以下から選べ。

① カール゠マルテル　② ビスマルク

③ ブーヴェ　④ マザラン

□ **2**　次の空欄に適切な語句を入れよ。またあとの問に答えよ。　　（東北福祉大）

セルビア人は6世紀に[　1　]半島南西部に進出するが，[　2　]帝国に服属して9世紀頃に[　3　]に改宗した。その後，12世紀に[　2　]帝国から独立し，14世紀前半には[　1　]半島の強国になったが，14世紀末，東方の強国[　4　]帝国に敗れ，その支配下におかれるようになった。

クロアティア人やスロヴェニア人は西ヨーロッパの大国[　5　]王国に服属して，[　6　]に改宗した。またポーランド人は10世紀ころポーランド王国を建国し，[　6　]を受容した。14世紀には[　7　]騎士団に対抗するため，[　8　]大公[　9　]がポーランド女王と結婚して連合王国を作った。これがポーランド最盛期の王朝[　9　]朝の始まりである。

チェック人は9世紀末頃[　6　]を受容し，10世紀頃には[　10　]を統一して王国を樹立したが，11世紀には[　11　]帝国に編入された。

バルカン半島北部のブルガール人は7世紀に[　12　]帝国（王国）を建国し，9世紀頃[　3　]に改宗した。一時期[　2　]帝国に合併されたものの12世紀に独立した。しかし14世紀には[　4　]帝国に併合された。マジャール人は10世紀末，[　13　]王国を建国して[　6　]を受け入れた。[　13　]王国は15世紀に最も繁栄するが，16世紀には[　4　]帝国に領土の大半を奪われた。

9世紀に[　14　]が[　15　]人を率いてロシアに入り，スラヴ人を支配して[　16　]国を建てた。[　14　]の一族は，ついで[　17　]公国を建てたが，次第にスラヴ化してゆき，10世紀末[　18　]の時に[　3　]を国教として，[　2　]文化を受け入れた。

□ 問　次の中でスラヴ人に属さない二つの民族を番号で答えよ。

① セルビア人　　② クロアティア人　　③ スロヴェニア人

④ ポーランド人　⑤ チェック人　　⑥ ブルガール人

⑦ マジャール人

10 ヨーロッパ世界の変容と文化

1 つぎの文章を読み，あとの設問に答えなさい。　　　　　（愛知学院大）

　　10世紀末，西フランクでは，パリ伯だったユーグ＝[　a　]が王位について
[　a　]朝を開いたが，王権はきわめて弱かった。12世紀末に即位した国王
[　b　]2世は，プランタジネット朝のジョン王と争い，ジョン王がフランス
にもっていた領土の大半を奪った。また，13世紀の国王[　c　]9世は，当時
南フランスの諸侯に支持されていたキリスト教の異端である[　d　]派を征服
し，王権を南フランスに伸長した。さらに，国王[　e　]4世は，教皇権の絶
対性を主張した教皇[　f　]8世と争い，1303年に教皇をとらえた。この事件
は[　g　]事件と呼ばれている。14世紀初めに教皇庁は南フランスの[　h　]
に移され，フランス王の支配をうけた。この出来事を「[　i　]」と呼ぶ。そ
の間，フランスでは[　a　]朝が断絶し，[　j　]朝が始まった。

□ 問1　[　a　]にあてはまる名称をつぎのなかから選びなさい。

　　　　ア．ブルボン　　**イ**．ヴァロワ　　**ウ**．テューダー　　**エ**．カペー

□ 問2　[　b　]にあてはまる人名をつぎのなかから選びなさい。

　　　　ア．シャルル　　**イ**．フィリップ　　**ウ**．リシャール　　**エ**．ルイ

□ 問3　[　c　]にあてはまる人名をつぎのなかから選びなさい。

　　　　ア．シャルル　　**イ**．フィリップ　　**ウ**．リシャール　　**エ**．ルイ

□ 問4　[　d　]にあてはまる名称をつぎのなかから選びなさい。

　　　　ア．アルビジョワ　**イ**．マニ　**ウ**．ネストリウス　**エ**．アタナシウス

□ 問5　[　e　]にあてはまる人名をつぎのなかから選びなさい。

　　　　ア．シャルル　　**イ**．フィリップ　　**ウ**．リシャール　　**エ**．ルイ

□ 問6　[　f　]にあてはまる人名をつぎのなかから選びなさい。

　　　　ア．ボニファティウス　　**イ**．ウルバヌス

　　　　ウ．グレゴリウス　　　　**エ**．インノケンティウス

□ 問7　[　g　]にあてはまる名称をつぎのなかから選びなさい。

　　　　ア．オルレアン　**イ**．アヴィニョン　**ウ**．アナーニ　**エ**．クレルモン

□ 問8　[　h　]にあてはまる地名をつぎのなかから選びなさい。

　　　　ア．オルレアン　**イ**．アヴィニョン　**ウ**．アナーニ　**エ**．クレルモン

□ **問9** [**i**]にあてはまる名称をつぎのなかから選びなさい。

　　　　ア. 教皇のバビロン捕囚　　　**イ**. ファショダ事件

　　　　ウ. サンバルテルミの虐殺　　**エ**. 大空位時代

□ **問10** [**j**]にあてはまる名称をつぎのなかから選びなさい。

　　　　ア. ブルボン　　**イ**. ヴァロワ　　**ウ**. テューダー　　**エ**. カペー

2　次の年表を見て，あとの問いに答えよ。　　　　　　　（東北学院大）

　1054 年　　　[**1**]の分裂

　1066 年　　(a)ノルマン征服

　1077 年　　　[**2**]の屈辱

　1122 年　　　[**3**]の協約

　1198 年　　(b)インノケンティウス3世，教皇に即位

　1215 年　　　ジョン王，[**4**]を認める

　1256 年　　　[**5**]時代始まる

　1258 年　　(c)シモン＝ド＝モンフォールの乱

　1295 年　　　エドワード1世，[**6**]議会を開く

　1302 年　　　フィリップ4世，[**7**]招集

　1309 年　　　教皇の[**8**]捕囚

　1348 年頃　(d)黒死病流行

　1356 年　　　カール4世，[**9**]発布

　1378 年　　(e)教会大分裂（大シスマ）

　1397 年　　　[**10**]同盟成立

□ **問1**　年表中の空欄[**1**]～[**10**]に入る最適語を【語群】から選んで答え

　　よ。

　　【語群】　ハンザ　大憲章(マグナ＝カルタ)　三部会　権利の章典　模範

　　　　金印勅書　東西教会　ノルマン　バビロン　カルマル　大空位

　　　　ヴォルムス　絶対主義　二院制議会　カノッサ　アウクスブルク

　　　　ローマ　ゲルマン

□ **問2**　下線部(a)の後の出来事として，誤っているものを次の文**ア**～**エ**から一つ

　　選び，記号で答えよ。

ア． 征服の結果，イギリスにノルマン朝が開かれた。

イ． イギリス王になったウィリアム1世は，イギリス全土に元首制を導入し，強大な王権を作り上げた。

ウ． 大陸の進んだ文化を取り入れ，北フランス文化圏を形成した。

エ． イギリス国王が，ノルマンディーではフランス国王の家臣であることが，この後英仏関係を緊張させる一因となった。

□ **問3** 下線部(b)に関連して，インノケンティウス3世の時期に起こった事柄について，正しいものを次の文**ア〜エ**から一つ選び，記号で答えよ。

ア． クレルモンの公会議が招集された。

イ． 教皇権が絶頂期を迎えた。

ウ． ポーランドではヤゲウォ朝が成立した。

エ． トマス゠アクィナスがスコラ学を大成した。

□ **問4** 下線部(c)の結果，聖職者と貴族に地方(州と都市)の代表を加えた議会が設けられるが，この時のイギリス国王は誰か。

□ **問5** 下線部(d)の結果，農民の人口が激減し，農民の地位が上昇した。これに対して締め付けを強めた領主に対する農民反乱が発生する。農民反乱の指導者で，14世紀半ばに，「アダムが耕しイヴが紡いだとき，だれが貴族であったか」と身分制度を批判した人物は誰か。

□ **問6** 下線部(e)を終息させた公会議を何というか。

---

3 次の文章A〜Eを読んで，設問(問1〜問10)に答えよ。 （広島修道大）

A． フランスのカペー朝のもとでは，王権ははじめ北フランスの一部を領有するだけの弱体な勢力にすぎなく，大諸侯の勢いが強かった。12世紀末に即位した国王[　**a**　]はフランス国内にあるイギリス領の大半をうばい，ルイ9世の時代には王権の勢力範囲も南フランスにまでおよびはじめた。さらに，フィリップ4世は，ローマ教皇ボニファティウス8世との間で生じた争いの際に，聖職者・貴族・平民の代表者が出席する[　**b**　]を1302年に開催し，彼らの支持をえて王権を強化した。

□ **問1** 空欄[　**a**　]に入る適切な人名を記入せよ。

□ **問2** 空欄[　**b**　]に入る適切な語句を記入せよ。

B．14世紀はじめ，フランスではカペー朝が断絶して傍系の[　**c**　]朝（1328–1589年）があとをつぐと，イギリス国王[　**d**　]は，母がカペー家の出であることからフランス王位継承権を主張し，フランスに侵攻した。これをきっかけにイギリスとフランスとの間で百年戦争（1339–1453年）がはじまった。

☐ **問3**　空欄[　**c**　]に入る適切な王朝名を記入せよ。

☐ **問4**　空欄[　**d**　]に入る適切な人名を記入せよ。

C．14世紀後半には，イギリスでは①ワット＝タイラーの乱がおき，フランスでもジャックリーの乱がおきた。経済的に困窮した領主が再び農民への束縛を強めようとし，経済力をつけた農民がこれに抵抗し，農奴制の廃止を要求して大規模な一揆をおこしたのである。

☐ **問5**　下線部①に関して，「アダムが耕しイヴが紡いだとき，誰が貴族であったか」といってこの乱を理論的に支えた人物はだれか。最も適切な人名を記入せよ。

D．百年戦争のさなかのフランスでは，流行病や農民一揆，さらにはフランス国内のイギリス軍が優勢にあったことから，王国は崩壊寸前の危機的状態にあった。フランスの軍事的劣勢を挽回したのが，農民の娘[　**e**　]であった。彼女の活躍によってフランスは勢いを取り戻し，国王[　**f**　]のもとでカレーを除くフランス全土からイギリス軍を追い出し，戦争は終わった。

☐ **問6**　空欄[　**e**　]に入る適切な人名を記入せよ。

☐ **問7**　空欄[　**f**　]に入る適切な人名を記入せよ。

E．フランスとの戦争で敗北したイギリスでは，ランカスター家と[　**g**　]家とのあいだで王位継承をめぐる②内乱（1455–85年）がおこった。けっきょく，内乱をおさめたランカスター派のヘンリ7世が1485年に即位し，[　**h**　]朝をひらいた。彼は星室庁裁判所を置いて王権に反抗するものを処罰し，絶対王政への道をひらいた。

☐ **問8**　空欄[　**g**　]に入る適切な家名を記入せよ。

☐ **問9**　下線部②に関して，この内乱は何と呼ばれるか。記入せよ。

☐ **問10**　空欄[　**h**　]に入る適切な王朝名を記入せよ。

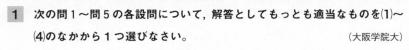

11 宋・元

1 次の問1～問5の各設問について，解答としてもっとも適当なものを(1)～(4)のなかから1つ選びなさい。　　　　　　　　　　　　　　(大阪学院大)

□ **問1**　907年，唐を滅ぼした朱全忠が建国した国として，適当なものは次のうちどれですか。

　　(1)　後梁　　　(2)　後晋　　　(3)　後漢　　　(4)　後周

□ **問2**　10世紀初頭，モンゴル東部から中国東北部にかけて存在した遼の建国者であり初代皇帝となった人物として，適当な者は次のうち誰ですか。

　　(1)　王仙芝　　(2)　李元昊　　(3)　耶律阿保機　　(4)　完顔阿骨打

□ **問3**　宋の時代の政治について，適当なものは次のうちどれですか。

　　(1)　理藩院の権力が削減され，皇帝の親衛軍を強化するなど，中央集権がより進んだ

　　(2)　武力に頼らず，儀礼や法制などによって社会を安定させようとする文治主義がとられた

　　(3)　科挙の最終試験として，郷挙里選が導入された

　　(4)　第6代皇帝神宗のもとで，李斯が宰相に任命され，財政・行政・教育などの改革諸法，いわゆる新法を実施した

□ **問4**　中国東北部の金が北宋の都開封を陥落させ，北宋が滅ぶことになった事件として，適当なものは次のうちどれですか。

　　(1)　靖康の変　　(2)　黄巣の乱　　(3)　武韋の禍　　(4)　赤眉の乱

□ **問5**　元末から明の初めにかけて施耐庵と羅貫中がまとめた，北宋末期の義賊たちの武勇を題材とする口語長編小説として，適当なものは次のうちどれですか。

　　(1)　『三国志演義』　　(2)　『西遊記』　　(3)　『水滸伝』　　(4)　『琵琶記』

2 次の文章を読み，あとの問いに答えよ。　　　　　　　　　　(東北学院大)

　(a)チンギス＝ハンとその後継者たちの征服活動により，13世紀中頃にはユーラシアの大半を支配下におくモンゴル帝国が形成された。継承争いに勝利して即位した第5代の[　**1**　]は，都として大都(現在の北京)を建造し，国名を元

（大元ウルス）と定めた。1279 年には［　2　］を滅ぼして(b)中国本土を支配し，さらに日本や(c)東南アジア諸国に遠征軍を派遣した。一方，モンゴル帝国の西方領域には，各地に(d)チンギス＝ハンの子孫が君臨する政権が成立したが，これらは元の君主の権威のもとで緩やかな連合を保っていた。しかし，14 世紀に入ると地球規模で天災や飢饉が頻発し，黒死病（ペスト）が大流行した西アジアやヨーロッパでは人口が激減し，地中海やインド洋の交易で栄えたエジプトの［　3　］は大きな打撃を受けた。このような状況のなか，各地のモンゴル政権は動揺をきたし，(e)モンゴル帝国は分裂・解体に向かった。

□ **問1**　空欄［　1　］〜［　3　］に入る最適語を次の［語群］から選び，記号で答えよ。

　　　［語群］　① フビライ（クビライ）　　② モンケ　　③ 西夏

　　　　④ オゴタイ（オゴデイ）　　⑤ 南宋　　⑥ アッバース朝

　　　　⑦ マムルーク朝　　⑧ アイユーブ朝　　⑨ 遼

□ **問2**　下線部(a)について，この人物が実施した事業として正しいものを次の文**ア〜エ**から一つ選び，記号で答えよ。

　　　ア．西方遠征を実施し，ホラズム王国を滅ぼした。

　　　イ．支配下においた遊牧民を再編制して，猛安・謀克制を整えた。

　　　ウ．南方遠征を実施し，金を滅ぼした。

　　　エ．交子と呼ばれる紙幣を発行させた。

□ **問3**　下線部(b)に関連して，元の支配下にあった中国本土で，イスラーム天文学を取り入れて授時暦を作成した人物を次の**ア〜エ**から一人選び，記号で答えよ。

　　　ア．郭守敬　　**イ**．徐光啓　　**ウ**．李時珍　　**エ**．王安石

□ **問4**　下線部(c)に関連して，元軍の侵入を撃退したベトナムの王朝を次の**ア〜エ**から一つ選び，記号で答えよ。

　　　ア．李朝　　**イ**．斉朝　　**ウ**．黎朝　　**エ**．陳朝

□ **問5**　下線部(d)に関連して，イラン・イラク地域に成立したイル＝ハン国（フラグ＝ウルス）の君主で，最初にイスラーム教に改宗した人物は誰か。

□ **問6**　下線部(e)に関連して，14 世紀に中央アジアから頭角を現し，サマルカンドを中心とする新たな国を築いた人物は誰か。

12 明・清

1 明代の中国に関する次の年表を参照しながら，あとの問い(問1〜5)に答えなさい。

(同志社女子大)

年表

年　代	出　来　事
1368 年	(a)朱元璋，明を建国
1399 年	靖難の役(〜1402 年)
1402 年	永楽帝即位
1405 年	(b)鄭和の南海諸国遠征(〜33 年)
1449 年	土木の変
1517 年	[　ア　]人，広州に来航
1550 年	アルタン＝ハン，北京を包囲
1557 年	[　ア　]，マカオの居住権を獲得
1572 年	(c)万暦帝即位
1592 年	(d)豊臣秀吉の朝鮮侵攻(〜98 年)

□ **問1**　年表中の空欄[　ア　]に入れる国として正しいものを，次の①〜④の中から一つ選びなさい。

　　① スペイン　　② ポルトガル　　③ オランダ　　④ イギリス

□ **問2**　下線部(a)の人物に関する説明として正しいものを，次の①〜④の中から一つ選びなさい。

　　① 赤眉の乱で頭角をあらわした。　　② 殿試を創設した。

　　③ 中書省を廃止した。　　④ 『四書大全』を編纂させた。

□ **問3**　下線部(b)に関連して，鄭和は南海諸国に明への朝貢を勧誘した。明への朝貢国として正しいものを，次の①〜④の中から一つ選びなさい。

　　① マラッカ王国　② パガン朝　③ ドヴァーラヴァティー　④ 阮朝

□ **問4**　下線部(c)に関連して，万暦帝の時代に財政の立て直しを行った人物として正しいものを，次の①〜④の中から一つ選びなさい。

　　① 司馬光　　② 王安石　　③ 銭大昕　　④ 張居正

□ **問5**　下線部(d)に関連して，侵攻を受けた朝鮮の王朝に関する説明 a と b の正誤の組合せとして正しいものを，下の①〜④の中から一つ選びなさい。

a. 王建によって建国された。

b. 世宗が訓民正音（ハングル）を制定した。

① a-正　　b-正　　② a-正　　b-誤

③ a-誤　　b-正　　④ a-誤　　b-誤

2 清代の中国について述べた次の文章を読んで，空欄[　ア　]～[　ウ　]に
入る語句を，あとの語群の①～④の中からそれぞれ一つずつ選べ。また，
あとの問いに答えよ。　　　　　　　　　　　　　　　　　　　　　（佛教大）

[　ア　]が起こした反乱の中で明が滅亡すると，清軍は明の武将であった
[　イ　]の先導を受けて北京に入城し，清による中国本土の支配が始まった。
⑴康熙帝・雍正帝・乾隆帝が統治した約130年間は清の全盛期であり，中国内
地・東北地方・台湾を直轄領とする一方，モンゴルや新疆・⑵チベットなどは
[　ウ　]の管轄下で一定の自治を認めた。

〔語群〕

□　[　ア　]　① 李成桂　　② 李時珍　　③ 李自成　　④ 李大釗

□　[　イ　]　① 張居正　　② 魏忠賢　　③ 呉三桂　　④ 顧憲成

□　[　ウ　]　① 都護府　　② 藩鎮　　③ 折衝府　　④ 理藩院

□ **問1**　下線部⑴に関連して，この時期の出来事について述べた文として最も適
当なものを，次の①～④の中から一つ選べ。

① 康熙帝は，三藩の乱を鎮圧した。

② 康熙帝は，軍機処を創設した。

③ 雍正帝は，軍事組織である八旗を創始した。

④ 乾隆帝は，イエズス会以外のキリスト教布教を禁止した。

□ **問2**　下線部⑵に関連して，チベット仏教について述べた文a・bの正誤の組
合せとして最も適当なものを，下の①～④の中から一つ選べ。

a. 仏教にゾロアスター教・キリスト教の要素が融合された宗教である。

b. ツォンカパによる改革で黄帽派が開かれた。

① a-正　b-正　　② a-正　b-誤

③ a-誤　b-正　　④ a-誤　b-誤

13 トルコ・イラン世界の展開

1 次の文章の下線部(①〜⑤)についての問い(問1〜問5)に答えなさい。

(国士舘大)

　北インドではかつてティムールの侵攻を受け，デリー＝スルタン朝の勢力が弱体化していたが，ティムールの子孫のバーブルが1526年に①ロディー朝を破り，デリーを占領してムガル朝を建てた。バーブル死後の混乱を収拾して帝国を再興したのが第3代②アクバルである。ムガル帝国においてはペルシア語が公用語とされていたが，北インドの地方語にペルシア語やアラビア語の語彙を大幅に取り入れた③新しい言語も生まれた。ムガル朝ではインド＝イスラーム文化が花開き，④第5代皇帝が亡き王妃のために造営した墓廟タージ＝マハルで知られている。一方，南インドでは14世紀前半から17世紀半ばにかけて⑤ヒンドゥー王国が勢力を維持していた。

□ **問1**　下線部①について，バーブルがロディー朝を破った戦いを，次の①〜④の中から一つ選びなさい。

　　① モハーチの戦い　　② パーニーパットの戦い

　　③ タラス河畔の戦い　　④ ニコポリスの戦い

□ **問2**　下線部②について，彼はヒンドゥー教徒に対して融和政策をとり，非イスラーム教徒に課せられていたある税を廃止した。その税を，次の①〜④の中から一つ選びなさい。

　　① ジハード　　② ザカート　　③ ジズヤ　　④ ハラージュ

□ **問3**　下線部③について，この新しい言語に該当するものを，次の①〜④の中から一つ選びなさい。

　　① タミル語　② シンハラ語　③ スワヒリ語　④ ウルドゥー語

□ **問4**　下線部④について，この第5代皇帝を，次の①〜④の中から一人選びなさい。

　　① ジャハーンギール　　　② アウラングゼーブ

　　③ シャー＝ジャハーン　　④ ウマル＝ハイヤーム

□ **問5**　下線部⑤について，このヒンドゥー王国の名称を，次の①〜④の中から一つ選びなさい。

① サータヴァーハナ朝　　② ヴィジャヤナガル王国

③ シュリーヴィジャヤ王国　　④ シャイレンドラ朝

2　オスマン帝国の興亡に関する次の文章を読んで，あとの問いに答えよ。

（佛教大）

　1299 年，アナトリア西北部に建国されたオスマン帝国は，14 世紀にバルカン半島へ進出して[　a　]を首都とした。1402 年に起こったアンカラ（アンゴラ）の戦いではティムールに敗れてオスマン帝国は一時解体の危機に瀕したが，その後国家を再建した。メフメト 2 世の時代には，コンスタンティノープルを攻略してビザンツ帝国を滅ぼした。セリム 1 世の時代には，(1)サファヴィー朝を破って優位に立ち，(2)マムルーク朝を滅ぼしてメッカ・メディナの両聖都の保護者の地位を継承した。スレイマン 1 世の時代には，ハンガリーを征服してウィーンを脅かし，1538 年の[　b　]でスペイン・ヴェネツィアの連合艦隊を破って地中海の制海権を握った。

☐ **問1**　空欄[　a　]・[　b　]に入る語句の組合せとして最も適当なものを，次の①～④の中から一つ選べ。

①　**a**－タブリーズ　　　　　**b**－プレヴェザの海戦

②　**a**－タブリーズ　　　　　**b**－レパントの海戦

③　**a**－アドリアノープル　　**b**－プレヴェザの海戦

④　**a**－アドリアノープル　　**b**－レパントの海戦

☐ **問2**　下線部(**1**)について述べた文として誤っているものを，次の①～④の中から一つ選べ。

①　サマルカンドを都とした。

②　君主はシャーの称号を用いた。

③　ポルトガルよりホルムズ島を奪った。

④　アッバース 1 世の時代に最盛期をむかえた。

☐ **問3**　下線部(**2**)について述べた文として最も適当なものを，次の①～④の中から一つ選べ。

①　ファーティマ朝を滅ぼした。　　②　西ゴート王国を滅ぼした。

③　シーア派を奉じた。　　　　　　④　カイロを都とした。

解答・解説：別冊 p.28

14 大航海時代・ルネサンス・宗教改革

1　次の文章を読み，あとの問いに答えよ。　　　　　　　　　　（東洋大）

　エンリケ航海王子のもとでアフリカ西岸に積極的に進出していたポルトガルは事業をさらに推進し，1488年にバルトロメウ＝ディアスがアフリカ南端の喜望峰に，1498年にはヴァスコ＝ダ＝ガマが［　**A**　］のカリカットに到達した。この航路の開拓は国営事業としておこなわれ，それによって実現した［　**B**　］の直接取引は，ポルトガルの王室に莫大な富をもたらした。

　いっぽうスペインは，1492年に女王イサベル（イザベラ）がコロンブスの船団をインドに向けて派遣した。コロンブスは西インド諸島に到達し，この航海は南北アメリカ大陸とヨーロッパが結びつくきっかけとなった。スペイン王室はキリスト教布教の名のもとで，アメリカ大陸に軍隊を送り込み，1521年に［　**C**　］が［　**D**　］を破ってメキシコを制圧した。1533年には［　**E**　］が［　**F**　］をほろぼした。スペイン人の植民者はインディオを労働者として酷使したが，聖職者［　**G**　］のように，彼らの救済につとめた人物も一部には存在した。

☐ **問1**　空欄［　**A**　］に入る語句として最も適切なものを，次の中から一つ選べ。

　　① アフリカ東岸　　② アラビア半島南岸　　③ インド西岸

　　④ インド東岸　　⑤ インドネシア

☐ **問2**　空欄［　**B**　］に入る語句として最も適切なものを，次の中から一つ選べ。

　　① 金　　② 香辛料　　③ コーヒー　　④ 砂糖　　⑤ 茶

☐ **問3**　空欄［　**C**　］～［　**F**　］に入る人物・語句の組み合わせとして最も適切なものを，次の中から一つ選べ。

　　① **C**：バルボア　　**D**：マヤの都市国家

　　　　E：コルテス　　**F**：アステカ帝（王）国

　　② **C**：コルテス　　**D**：インカ帝国　**E**：ピサロ　　**F**：アステカ帝（王）国

　　③ **C**：ピサロ　　**D**：インカ帝国　**E**：バルボア　**F**：マヤの都市国家

　　④ **C**：バルボア　　**D**：アステカ帝（王）国

　　　　E：コルテス　　**F**：マヤの都市国家

　　⑤ **C**：コルテス　　**D**：アステカ帝（王）国　**E**：ピサロ　**F**：インカ帝国

⑥　**C**：ピサロ　　　**D**：マヤの都市国家　**E**：バルボア　**F**：インカ帝国

□ 問4　空欄［　**G**　］に入る人名として最も適切なものを，次の中から一つ選べ。

① イグナティウス＝ロヨラ

② フランシスコ＝ザビエル（シャヴィエル）

③ アダム＝シャール　　　　④ ブーヴェ　　　　　⑤ ラス＝カサス

2　次の文章を読んで，あとの設問に答えなさい。　　　　　　　　　（神奈川大）

　フィレンツェでは，15世紀に①メディチ家の保護によってルネサンスは絶頂を迎えたが，15世紀末に②フランス軍の侵入を機にメディチ家が失脚すると，運動の中心は③ローマに移り，教皇の保護下で多数の芸術家が活躍した。この運動は西ヨーロッパの各国に影響を及ぼし拡大していった。

　イタリアに続き，ヨーロッパ各地で文化が興隆した。中継貿易や毛織物業で繁栄したネーデルラントでは，ファン＝アイク兄弟が油絵画法を完成させ，フランドル派の基礎を築いた。この派には代表作「農民の踊り」などで農民生活を活写した［　**A**　］も含まれる。また16世紀最大の人文主義者で国際的にも活躍した④エラスムスは［　**B**　］を著して，聖職者の腐敗を痛烈に批判した。ドイツでは，デューラーが深い精神性を感じさせる銅版画を残し，ロイヒリンがヘブライ語研究をすすめた。フランスでは，［　**C**　］が『ガルガンチュアとパンタグリュエルの物語』で架空の巨人父子の正直素朴な生き方を描いて，社会的因習を風刺し，⑤モンテーニュは，その著書で近代人としての内面生活を探求した。スペインでは，［　**D**　］が『ドン＝キホーテ』を著して，滅びゆく騎士道を風刺し，エル＝グレコは幻想的な宗教画を描いた。

□ 問1　空欄［　**A**　］に当てはまる語句を次の中から1つ選びなさい。

　　a．ドナテルロ　**b**．ジョット　**c**．ブリューゲル　**d**．ボッティチェリ

□ 問2　空欄［　**B**　］に当てはまる語句を次の中から1つ選びなさい。

　　a．『デカメロン』　**b**．『愚神礼賛』　**c**．『新生』　**d**．『君主論』

□ 問3　空欄［　**C**　］・［　**D**　］に当てはまる語句を次の中からそれぞれ1つず
　　つ選びなさい。

　　a．セルバンテス　　**b**．ボッカチオ　　**c**．ミルトン

　　d．ラブレー　　　　**e**．デフォー

□ 問4　下線部①に関連して，サン＝ピエトロ大聖堂の建築費捻出にかかわった
　　　　メディチ家出身の教皇を次の中から1人選びなさい。

　　　　　　a．レオ3世　　　b．レオ10世　　　c．グレゴリウス1世

　　　　　　d．グレゴリウス7世

□ 問5　下線部②に関連して，フランス軍の侵入を契機にイタリア戦争が始まる
　　　　が，この戦争で神聖ローマ皇帝カール5世と激しく争ったフランス国王の名
　　　　を次の中から1つ選びなさい。

　　　　　　a．シャルル7世　　　b．シャルル10世　　　c．フランソワ1世

　　　　　　d．フィリップ6世

□ 問6　下線部③に関連して，ヴァチカンにあるシスティナ礼拝堂に「天地創造」
　　　　を残し，カトリックの総本山の大聖堂の大改修にかかわった人物の名を次の
　　　　中から1つ選びなさい。

　　　　　　a．ブルネレスキ　　　b．レオナルド＝ダ＝ヴィンチ

　　　　　　c．ギベルティ　　　　d．ミケランジェロ

□ 問7　下線部④に関連して，エラスムスと親交があり，囲い込みを批判した
　　　　『ユートピア』の著者の名を次の中から1つ選びなさい。

　　　　　　a．トーマス＝マン　　　b．トマス＝アクィナス

　　　　　　c．トマス＝クック　　　d．トマス＝モア

□ 問8　下線部⑤に関連して，モンテーニュの代表的な作品を次の中から1つ選
　　　　びなさい。

　　　　　　a．『随想録』　b．『哲学書簡』　c．『方法叙説』　d．『人形の家』

3　次の文章の空欄[　1　]～[　20　]に入る最適語を，あとの【語群】の中か
　　ら選び，記号で答えよ。
（東北学院大）

　　教会改革運動は中世以来繰り返し行われてきた。1309年フランス国王
[　1　]の統治期に，教皇庁がローマから[　2　]に移ったが，このことは
[　3　]と呼ばれる。さらに1378年以降[　4　]といわれる状態に陥った。こ
の時期にイギリスの[　5　]や[　6　]のフスの教説により，教皇権の失墜が
顕著になった。1414年に開かれた[　7　]公会議において，フスは[　8　]と
して火刑になった。彼らは宗教改革の先駆となった。

16〜17世紀のヨーロッパの歴史は，新旧両教派の宗教対立を1つの原因として展開した。マルティン＝ルターはサン＝ピエトロ大聖堂の建築費用捻出のために推進された[　9　]の販売を批判し，1517年にヴィッテンベルク城の扉に[　10　]を貼り付けた。彼は救いは福音信仰によるとして[　11　]と主張した。ルターの影響を受けたカルヴァンは[　12　]を唱え，救いにおける神の絶対性を主張した。[　13　]では政教一致の神権政治を行った。また，彼を信奉するカルヴァン派は各地で活動し，フランスでは[　14　]，イングランドでは[　15　]，スコットランドでは[　16　]と呼ばれた。

　他方，カトリック側でも1545年から[　17　]で公会議を開催し，対抗宗教改革を始めた。なかでも[　18　]はその中心的な役割を果たした団体で，ヨーロッパ内外で伝道を行った。

　これら新旧両教派の対立は1572年にパリで[　19　]を引き起こし，1618年にはベーメンの反乱をきっかけとして[　20　]が勃発した。

【語群】

ア．チューリヒ　　**イ**．アヴィニョン　　**ウ**．ジュネーヴ

エ．プロイセン　**オ**．トリエント　　**カ**．ベーメン（ボヘミア）

キ．コンスタンツ　　**ク**．ウィクリフ　　**ケ**．サン＝バルテルミの虐殺

コ．「教皇のバビロン捕囚」　**サ**．アナーニ事件　　**シ**．教会大分裂

ス．アンリ4世　　**セ**．フィリップ4世　　**ソ**．異端　　**タ**．魔女

チ．贖宥状（免罪符）　**ツ**．香辛料　　**テ**．聖書　　**ト**．ナントの勅令

ナ．九十五カ条の論題　　**ニ**．予定説　　**ヌ**．司教制

ネ．「人は信仰によってのみ義とされる」　　**ノ**．プレスビテリアン

ハ．「アダムが耕しイヴが紡いだとき，だれが貴族であったか」

ヒ．ユグノー　　**フ**．ゴイセン　　**ヘ**．ピューリタン　　**ホ**．イエズス会

マ．ドミニコ会　　**ミ**．三十年戦争　　**ム**．ドイツ農民戦争

15 主権国家体制の成立

1 ハプスブルク家をめぐる歴史に関する文章を読み，あとの問い（問1・2）に答えなさい。

（同志社女子大）

　ヨーロッパの名門であるハプスブルク家は，10世紀頃スイスのアールガウ地方におこった。大空位時代ののち，ハプスブルク家のルドルフ1世が初めて神聖ローマ皇帝に選ばれた。1438年，アルブレヒト2世が即位すると，以後はハプスブルク家が神聖ローマ皇帝位を世襲するようになった。ハプスブルク家は婚姻を通じて領土を拡大していき，1477年にはブルゴーニュ公領［　ア　］を領土に加えた。カール5世の時代にはスペイン王位と神聖ローマ皇帝位を兼ねるようになり，カール5世の退位によってハプスブルク家はオーストリア系とスペイン系にわかれた。スペイン系を継いだ(a)フェリペ2世は，1571年の［　イ　］でオスマン帝国を破って名声を得たが，カトリック政策を推進したことで［　ア　］の独立戦争を招いた。一方，神聖ローマ帝国内でも新教旧教両派の対立は激化し，1618年には三十年戦争が始まった。この戦争はハプスブルク家とフランスの戦いへと発展し，講和条約のウェストファリア条約によってハプスブルク家の勢力は後退した。

□ **問1**　文中の空欄［　ア　］・［　イ　］に入れる語の組合せとして正しいものを，次の①〜④の中から一つ選びなさい。

① ア－ベーメン（ボヘミア）　　イ－プレヴェザの海戦
② ア－ベーメン（ボヘミア）　　イ－レパントの海戦
③ ア－ネーデルラント　　イ－プレヴェザの海戦
④ ア－ネーデルラント　　イ－レパントの海戦

□ **問2**　下線部(a)に関する説明として正しいものを，次の①〜④の中から一つ選びなさい。

① コロンブスの航海を支援した。
② イギリス女王メアリ1世と結婚した。
③ サンバルテルミの虐殺を主導した。
④ アンボイナ事件をおこした。

2　近代ヨーロッパについて述べた次の文章を読み，それぞれの設問に答えよ。

（松山大）

　スペイン国王フェリペ2世によりカトリックを強制され，カルヴァン派が弾圧されていたオランダでは (a)抵抗運動がはじまり，オランダ独立戦争が起こる。戦争が長期化すると，スペインはオランダの分断と懐柔に乗り出すことを余儀なくされる。その結果，カトリックの多い南部10州は戦争から脱落するが，[　ア　]同盟を結んだ北部7州は戦いをつづけ，1581年，ネーデルラント連邦共和国の独立を宣言した。

　最大の宗教戦争はドイツを舞台にした三十年戦争であった。この戦争はデンマーク，(b)スウェーデン，フランスなどの介入で長期化した。新教徒側優勢のうちに1648年，(c)ウェストファリア条約が結ばれてカルヴァン派は公認され，オランダの独立も正式に承認された。

☐ **問1**　下線部(a)について，この運動に参加した人物として正しいものを，次の中から1つ選べ。

　　① ヴァレンシュタイン　　② オラニエ公ウィレム

　　③ コシューシコ　　　　　④ クライヴ

☐ **問2**　文章中の空所[　ア　]に入る語句として正しいものを，次の中から1つ選べ。

　　① ユトレヒト　　② 武装中立　　③ カルマル　　④ ハンザ

☐ **問3**　下線部(b)について，この国の王でこの戦争で活躍した「北方の獅子王」の異名を持つ人物として正しいものを，次の中から1つ選べ。

　　① カルロス1世　　　　② カール12世

　　③ グスタフ=アドルフ　　④ ミハイル=ロマノフ

☐ **問4**　下線部(c)について，この条約でオランダとともに独立を正式に承認された国として正しいものを，次の中から1つ選べ。

　　① スロヴェニア　　② ポーランド　　③ リトアニア　　④ スイス

16 重商主義と啓蒙専制主義

1 次の文章を読み，あとの問いに答えよ。 （東北学院大）

16世紀は，ヨーロッパの一大変動期であるとともに，一大拡張期であった。

例えばフランスは，1562年以降，サン＝バルテルミの虐殺事件を含む

[**1**]戦争という内乱を経験するものの，1589年に王位についたアンリ4世

が[**2**]を発することにより内乱を終結させると，次王(a)ルイ13世，さらに

その次の王となった(b)ルイ14世の下でいわゆる絶対王政への道を歩んでいく

こととなった。(c)貴族たちは国王の権力強化に対して反乱を起こすものの鎮圧

され，ルイ14世の親政期には王権は頂点に達することとなった。フランスは，

(d)重商主義政策の展開は国家財政の安定化を促すと共に，1664年には[**3**]

を再建したり，(e)北アメリカ・(f)西インド諸島・(g)アフリカなどで植民地を拡

大するなどの積極的な対外政策を展開していった。しかし，同王による[**2**]

の廃止はフランスの経済に大打撃を与えることとなり，やがて絶対王政は衰退

へと向かうこととなる。

□ **問1** 本文中の空欄[**1**]～[**3**]に最適語を入れよ。

□ **問2** 下線部(a)について，1624年に，幼少で即位したルイ13世の宰相となっ
たのは誰か。

□ **問3** 下線部(b)について，幼少で即位したルイ14世の宰相となったのは誰か。

□ **問4** 下線部(c)について，この反乱を何というか。

□ **問5** 下線部(d)について，ルイ14世の財務総監となったのは誰か。

□ **問6** 下線部(e)について，フランスがセントローレンス川沿いに建設した町は
何か。

□ **問7** 下線部(f)について，1697年にフランス領となった西インド諸島にある島
を何というか。

□ **問8** 下線部(g)について，17世紀にフランスがアフリカ西岸に占領したのはど
こか。

2 次の文を読んで，あとの問に答えよ。 （東北福祉大）

イギリスの宗教改革は，国王[**1**]の離婚問題から始まった。王は[**2**]

を定めて国内の教会を王に従属させ　A　世界から切り離した。

　[　1　]のあと王位を継いだ長男エドワード6世は，一般祈禱書を定めて　B　の教義・制度を整備するが，そのあとを継いだ[　1　]の娘メアリ1世は　C　を厳しく弾圧した。ところがもう一人の娘エリザベス1世が次の王位に就くと[　3　]を出し，　B　の確立に努めた。

　16世紀後半のイギリスには　C　の中でも特に　D　が増え，彼らは　E　と呼ばれた。エリザベス1世のあと，[　4　]王がイギリス王[　5　]として即位すると，彼は絶対王政を正当化する思想としての[　6　]を唱えて　E　や　A　を弾圧した。またそのあとを継いだ[　7　]も専制政治を行ったため，1628年に議会は[　8　]を可決したが，国王は議会を解散した。ところが11年後に起きた[　4　]の反乱に際し，王は財政上の必要から翌1640年に議会を招集したため，議会の反発を受けた。王は3週間で議会を解散した(短期議会)。しかし結局王は財政面のことで議会の同意を必要としたため，同年秋には議会を再び招集せざるを得なくなった(長期議会)。

　1642年になると[　9　]派と議会派との間で内戦が起きるが，議会派の中は[　10　]派と[　11　]派とに分裂し，[　10　]派の[　12　]は[　9　]派との戦いに勝利したあと，議会から[　11　]派を追放した。さらに1649年には[　7　]を処刑して共和政を始めた。

　[　12　]は，　A　が多い[　13　]人から土地を奪い取り，同君連合であった[　4　]に対しても，[　9　]派の拠点であるとしてこれを征服した。また市民層を擁護する施策を行う一方で厳しい独裁体制をしいたため，国民の不満が高まり，彼の死後3年と経たぬ1660年，前王の子が[　14　]として国王位に就いた。これを[　15　]といい，1640年の議会招集から1660年の[　15　]までをイギリス革命あるいは　E　革命という。

□問1　文中の[　1　]～[　15　]に適切な語句を入れよ。

□問2　文中の　A　～　E　に適切な語句を次の1.～7.より選び，番号を入れよ。

　　　1.ルター派　　2.ピューリタン　　3.プロテスタント
　　　4.イギリス国教会　　5.カトリック　　6.カルヴァン派
　　　7.イスラーム教徒

17 ヨーロッパの海外進出と文化

1 つぎの文章を読み，あとの設問に答えなさい。 （愛知学院大）

　近世のヨーロッパ諸国では，国家が経済に介入して自国を富ませる[　a　]主義政策がとられた。もっとも，この政策の重点のおきどころは国や時期によって異なり，たとえば，16世紀のスペインが金・銀の獲得を目指す[　b　]主義を追求したのに対し，17世紀後半のフランスでは，1661年に財務総監となった[　c　]が，特権マニュファクチュアを創設するなどして商工業の育成をはかった。これにたいしてイギリスは，(1)17世紀半ばの革命以後，商工業者の利益のために国内産業の保護をはかる政策をとり，中継貿易で繁栄していた[　d　]にたいして，1651年に[　e　]法を制定して，3度に及ぶ戦争を行い，その海上覇権に打撃を与えた。その一方，[　a　]主義のもとでは国外市場が重視されたため，イギリスやフランスは植民地の拡大にも力を入れた。その結果，18世紀に入ると，英仏両国の間で激烈な植民地闘争が展開された。たとえばスペイン継承戦争を終わらせた1713年の[　f　]条約において，フランスはカナダの[　g　]湾地方やニューファンドランドなどの領有権を失った。さらにフランスは，七年戦争に並行して(2)北アメリカでおこった戦争にも敗れ，1763年のパリ条約において，カナダとミシシッピ川以東の[　h　]植民地などを奪われ，ここにイギリスの海上覇権が確立した。

☐ 問1　[　a　]にあてはまる名称を漢字2文字で記しなさい。

☐ 問2　[　b　]にあてはまる名称を漢字2文字で記しなさい。

☐ 問3　[　c　]にあてはまる人名を記入しなさい。

☐ 問4　下線部(1)に大きな役割を果たしたイングランドのカルヴァン派の名称を記入しなさい。

☐ 問5　[　d　]にあてはまる国名を記入しなさい。

☐ 問6　[　e　]にあてはまる名称を漢字2文字で記入しなさい。

☐ 問7　[　f　]にあてはまる名称を記しなさい。

☐ 問8　[　g　]にあてはまる地名を記入しなさい。

☐ 問9　下線部(2)をあらわす戦争の名称を記入しなさい。

☐ 問10　[　h　]にあてはまる地名を記入しなさい。

2 次の各文は 17, 18 世紀のヨーロッパ文化について説明したものである。各文の空欄にあてはまる適切な語句を，それぞれの語群A〜Dのうちから1つ選びなさい（空欄内の同じ数字は同一語句が入ることを示す）。 （東海大）

（I） いわゆるオランダ独立戦争の勃発により，カルヴァン派の拠点であり中継貿易と金融業で繁栄したフランドル地方の都市[**1**]は，カトリックのスペインの攻撃を受けた。フランドル派の画家の1人である[**2**]は，[**1**]で法律家として活動していた彼の父親が，この混乱を避け亡命先として選んだドイツで生まれている。後に[**1**]に戻った彼は，工房を構えてバロック様式の大作を次々に描いた一方で，外交官としても活躍し，イギリスのチャールズ1世やスペインの宮廷画家ベラスケスらと交流をもった。

〔語群〕

☐ **1**：**A.** ブリュージュ（ブルッヘ）　　**B.** ガン（ヘント）
　　　　C. アントウェルペン（アントワープ）　**D.** ロッテルダム

☐ **2**：**A.** ブリューゲル　**B.** ルーベンス
　　　　C. ファン＝ダイク　**D.** デューラー

（II） 1747 年に完成したサンスーシ宮殿は，ロココ建築の典型であろう。これは，プロイセン国王フリードリヒ2世の離宮として[**3**]に建設された。この宮殿ではしばしば音楽会が開催され，フリードリヒ自身がフルートを吹くこともあったという。また，さまざまな文人がここに集まり，『哲学書簡』『寛容論』などの著者として知られるフランスの啓蒙思想家[**4**]も，1750 年から 1753 年までサンスーシ宮殿に住んでいた。

〔語群〕

☐ **3**：**A.** ドレスデン　**B.** ポツダム　**C.** ライプチヒ　**D.** プラハ

☐ **4**：**A.** ヴォルテール　　**B.** ダランベール
　　　　C. モンテスキュー　**D.** ケネー

18 産業革命・アメリカ独立革命・フランス革命

1 次の文章を読んで，あとの問いに答えよ。 （大阪経済大）

18 世紀にイギリスで生じた産業革命は，まず綿工業の分野で［ **ア** ］を中心に始まった。1733 年，［ **イ** ］によって「飛び杼（梭）」が発明されると綿織物の生産性が劇的に向上し，綿糸が供給不足になるほどであった。その結果，(ウ)イギリスでは様々な機械が矢継ぎ早に発明された。こうして，良質の綿糸が大量生産されるようになった。18 世紀以降のイギリスでは，蒸気力を応用する技術も急発達した。蒸気力によるポンプが［ **エ** ］によって発明されたのを皮切りに，1769 年には［ **オ** ］によって蒸気機関が改良された。また，1814 年には蒸気機関車も製作され，(カ)1830 年に旅客鉄道が開通した。

□ **問1** 空欄［ **ア** ］にあてはまる最も適切なものを以下から選べ。

① リヴァプール ② バーミンガム

③ ロンドン ④ マンチェスター

□ **問2** 空欄［ **イ** ］にあてはまる最も適切なものを以下から選べ。

① ジョン＝ボール ② ジョン＝ヘイ

③ ジョン＝ステュアート＝ミル ④ ジョン＝ケイ

□ **問3** 下線部(ウ)に関する説明として，最も適切なものを以下から選べ。

① ハーグリーヴズがミュール紡績機を発明した。

② アークライトが水力紡績機を発明した。

③ クロンプトンが力織機を発明した。

④ カートライトが多軸紡績機（ジェニー紡績機）を発明した。

□ **問4** 空欄［ **エ** ］にあてはまる最も適切なものを以下から選べ。

① ウォルポール ② サッカレー

③ ニューコメン ④ イーデン

□ **問5** 空欄［ **オ** ］にあてはまる最も適切なものを以下から選べ。

① フルトン ② スティーヴンソン

③ ワット ④ ディケンズ

□ **問6** 下線部(カ)に関する説明として，最も適切なものを以下から選べ。

① ロンドン－バーミンガム間で開通した。

② バーミンガム－マンチェスター間で開通した。

③ マンチェスター－リヴァプール間で開通した。

④ リヴァプール－ヨーク間で開通した。

2 **アメリカ合衆国の独立と発展について述べた次の文章を読み，それぞれの設問に答えよ。**

(松山大)

七年戦争（フレンチ＝インディアン戦争）で勝利したイギリスは，莫大な戦費によって生じた財政赤字を軽減するために，植民地への課税を強めた。そのような (a)イギリスの諸政策に対して，植民地人による反対運動が展開された。こうしたイギリスの課税や，反対運動に対する弾圧は，1775年のイギリスと植民地の武力衝突を誘発し，対立は (b)独立戦争へと発展する。当初は大苦戦した独立軍だったが，しだいに優勢となり，ついにはイギリス軍を破り，1783年に独立が承認された。独立後，連合規約によって発足したアメリカ合衆国では，1787年に (c)アメリカ合衆国憲法が制定された。この憲法草案が作成された憲法制定会議の議長ワシントンは，のちに初代アメリカ大統領になる。

☐ **問1** 下線部分(a)について，七年戦争後に発布された法律の名称としてあやまりのあるものを，1つ選べ。

① 茶法 ② 印紙法 ③ 航海法 ④ 砂糖法

☐ **問2** 下線部分(b)について，これに関連する文として正しいものを，1つ選べ。

① 独立軍側の勝利を事実上確定させた戦いは，レキシントンの戦いである。

② エカチェリーナ2世が提唱し，イギリスを外交的に孤立させた同盟は，三帝同盟である。

③ 独立軍に参加したコシューシコは，帰国後，ポーランド分割を容認した。

④ 植民地奪回をねらったフランスは，独立戦争後に財政難となり，それがフランス革命の一因となった。

☐ **問3** 下線部分(c)について，この憲法について述べた文としてあやまりのあるものを，1つ選べ。

① 人民主権を規定した。

②　三権分立の原則を定めた。

③　プリマスの憲法制定会議でつくられた。

④　中央政府の権限を強化し，各州に自治権を認める連邦主義を採った。

3　**18世紀後半のフランスについて述べた次の文章A・Bを読み，それぞれ
の設問に答えよ。**
（松山大）

A.　三部会の議員の選出は身分ごとに異なった選出方法で実施された。第三身
分の代表には貴族出身の政治家である[　**ア**　]やシェイエスなど，他の身分か
ら離脱して選出されてきたものも含まれていた。特権身分の代表と第三身分の
代表とが議決方法をめぐって対立した。第三身分の議員たちは国民の代表とし
て(a)国民議会の成立を宣言した。国王は聖職者と貴族に第三身分に合流するよ
う勧告し国民議会を承認した。国民議会は，憲法制定国民議会と改称されて憲
法制定に着手した。パリでは，国王がこれに対して軍隊を出動させるという不
安が広がり，民衆がバスティーユ牢獄を襲い占領することとなり，民衆運動が
発展する。こうした情勢の中，議会は封建的特権の廃止を決定し，続いて
[　**イ**　]らが起草した人権宣言の採択を決めた。

□ **問1**　文章中の空所[　**ア**　]に入る人物名として正しいものを，1つ選べ。

①　ミラボー　　②　ディドロ　　③　ダランベール　　④　ケネー

□ **問2**　下線部分(a)について，国民議会について述べた文として正しいものを，1
つ選べ。

①　間接制限選挙によって議員が選出された。

②　総裁政府の成立によって解散した。

③　球戯場の誓いを行った。

④　公安委員会を設置し，反対派を弾圧した。

□ **問3**　文章中の空所[　**イ**　]に入る人物名として正しいものを，1つ選べ。

①　オスマン　　②　ティエール　　③　ラ＝ファイエット　　④　ギゾー

B.　1789年10月，パリの民衆は改革に否定的な国王一家をパリに連れて帰っ
た。国民議会もパリへ移り，国王と議会はパリの革命的な民衆の監視下に置か
れた。翌年には国民議会は(b)様々な改革を行った。革命の急進化に不安を持っ
たルイ16世は王妃マリ＝アントワネットの母国[　**ウ**　]への逃亡を図り失敗

した。これにより民衆の国王への信頼は失われていった。その後フランス最初の憲法が制定された。新憲法のもとで開かれた立法議会では，立憲君主政を目指す[　エ　]が主導権をにぎり優勢であったが，しだいにブルジョワ階層を基盤にした[　オ　]が台頭した。政権をとった[　オ　]は[　ウ　]に宣戦布告し，革命戦争を始めた。戦況が悪くなると立法議会は，全国で義勇兵をつのった。民衆と義勇兵はテュイルリー宮殿を襲撃し，立法議会は王権停止を宣言した。立法議会にかわり男子普通選挙で(c)国民公会が召集され，共和政を宣言した。

□ **問4**　下線部分(b)について，この改革について述べた文としてあやまりのあるものを，1つ選べ。

① 教会財産の国有化を行った。

② ギルドを廃止して，営業の自由を確立した。

③ 全国の行政区画を改めた。

④ 財政の安定のため，フランス銀行を設立した。

□ **問5**　文章中の空所[　ウ　]に入る国名として正しいものを，1つ選べ。

① オーストリア　　② イギリス　　③ プロイセン　　④ ロシア

□ **問6**　文章中の空所[　エ　]と[　オ　]に入る語句の組み合わせとして正しいものを，1つ選べ。

① エ＝フイヤン派　　オ＝ジロンド派

② エ＝フイヤン派　　オ＝ジャコバン派

③ エ＝ジロンド派　　オ＝フイヤン派

④ エ＝ジロンド派　　オ＝ジャコバン派

⑤ エ＝ジャコバン派　　オ＝ジロンド派

⑥ エ＝ジャコバン派　　オ＝フイヤン派

□ **問7**　下線部分(C)について，この時期に起こった次の出来事 a〜c を年代の古い順から並べたものとして正しいものを，あとの①〜⑥から1つ選べ。

a　ジロンド派の議会からの追放

b　ルイ16世の処刑

c　総裁政府の成立

① a→b→c　　② a→c→b　　③ b→a→c

④ b→c→a　　⑤ c→a→b　　⑥ c→b→a

19 ウィーン体制とヨーロッパの再編

1 次の文章の下線部（①～⑩）についての問い（問1～問10）に答えなさい。

（国士舘大）

　フランス革命とナポレオン戦争後の混乱を収拾するために，1814年にウィーン会議が開催され，翌年ウィーン議定書が調印された。この結果成立した国際秩序がウィーン体制であり，①正統主義と勢力均衡を基本原則としていた。この原則に従い，フランスやスペインではブルボン朝が復活した。ロシアは，②ワルシャワ大公国の大部分をロシア領ポーランドに併合してポーランド王国とし，ロシア皇帝がその王を兼ねた。オランダは立憲王国となり，③ベルギーを獲得した。フランス革命以前の状態を維持しようとするウィーン体制のもとで自由主義や国民主義の運動は抑圧されたが，しかしこうした運動を抑えきることはできなかった。たとえば④ラテンアメリカでは多くの国が独立したし，ヨーロッパでも⑤ギリシアが独立した。フランスではシャルル10世の反動政策に対する反感が強まり，1830年に七月革命が起こって⑥七月王政が成立した。銀行家や大ブルジョワジーの支配するこの体制のもとで，中小ブルジョワジーや労働者は選挙権拡大を要求して運動を展開し，1848年に二月革命が起こった。この動きはヨーロッパ各地に波及して多くの国で革命運動が展開し，ウィーン体制は崩壊した。この動きは，当時分裂状態にあったイタリアやドイツにも波及した。イタリアでは1849年に⑦ローマ共和国が樹立されたが，フランスの干渉できわめて短命に終わった。イタリア統一の中心になったのはサルデーニャ王国である。1849年に王位に就いたヴィットーリオ＝エマヌエーレ2世は自由主義者のカヴールを登用し，工業化を推進した。1859年にサルデーニャ王国はオーストリアと戦い，ロンバルディアを獲得，翌年には⑧中部イタリアを併合した。同年ガリバルディが両シチリア王国を占領したが，彼がこの占領地をヴィットーリオ＝エマヌエーレ2世に献上したことにより，1861年にイタリア王国が成立した。ドイツの統一は，⑨ドイツ関税同盟というかたちでの経済的統一が国家統一に先行した。⑩プロイセンを中心としたドイツの国家統一が実現したのは1871年のことである。

☐ **問1**　下線部①について，これを強く主張したフランス外相を，次の①～④の

中から一人選びなさい。

   ① ラ゠ファイエット   ② ラヴォワジェ

   ③ タレーラン   ④ ミラボー

□ **問2** 下線部②について，この国ができるきっかけとなった条約を，次の①〜④の中から一つ選びなさい。

   ① アーヘンの和約   ② リュネヴィル条約

   ③ アミアンの和約   ④ ティルジット条約

□ **問3** 下線部③について，ベルギーはその後オランダから独立しベルギー王国となったが，この王国の独立が承認された年を，次の①〜④の中から一つ選びなさい。

   ① 1820年   ② 1831年   ③ 1848年   ④ 1860年

□ **問4** 下線部④について，次の①〜④の人物のうち，ラテンアメリカ諸国の独立とは関係のない者を一人選びなさい。

   ① トゥサン゠ルヴェルチュール   ② シモン゠ボリバル

   ③ サン゠マルティン   ④ ホセ゠リサール

□ **問5** 下線部⑤について，ギリシアは次のどの国から独立したのか，その国を①〜④の中から一つ選びなさい。

   ① オスマン帝国   ② エジプト   ③ ロシア   ④ ハンガリー

□ **問6** 下線部⑥について，この王政成立時に王に迎えられた人物を，次の①〜④の中から一人選びなさい。

   ① ルイ゠ドルレアン   ② ルイ゠フィリップ

   ③ ユーグ゠カペー   ④ アンリ゠ド゠ブルボン

□ **問7** 下線部⑦について，この国の樹立にかかわった人物で，「青年イタリア」の指導者を次の①〜④の中から一人選びなさい。

   ① マッツィーニ   ② コシュート

   ③ マンゾーニ   ④ アンドレオッティ

□ **問8** 下線部⑧について，サルデーニャ王国は中部イタリアを併合する代償としてある地域をフランスに割譲したが，その割譲した地域を次の①〜④の中から一つ選びなさい。

   ① ヴェネツィアとトスカーナ   ② チロルとトリエステ

③　サヴォイアとニース　　　　④　エミーリアとカンパーニア

☐ **問9**　下線部**⑨**について，これが発足した年を次の①〜④の中から一つ選びなさい。

①　1789年　　②　1815年　　③　1834年　　④　1840年

☐ **問10**　下線部**⑩**について，ドイツ統一の経緯について述べた次の文①〜④のうち，<u>誤っているもの</u>を一つ選びなさい。

①　1848年の三月革命後，ドイツ統一をめざしてフランクフルト国民議会が開催された。

②　1862年にプロイセン首相となったビスマルクは「鉄血政策」とよばれる軍備拡張政策を展開したが，プロイセン議会はこれを積極的に支持した。

③　プロイセンは，デンマークから奪ったシュレスヴィヒ・ホルシュタイン両公国の処分をめぐって1866年にオーストリアと戦い，これに勝利した。

④　プロイセンはフランスとの戦争に勝利し，1871年にヴェルサイユ宮殿でドイツ帝国皇帝の即位式がおこなわれた。

2　**次の文章を読み，あとの問い（問1〜6）に答えよ。**　　　（中部大）

(a)<u>19世紀のイギリス</u>では，自由主義的な改革が進められた。宗教面では，1828年に[　**1**　]が廃止され，翌29年には (b)<u>アイルランド人の</u>[　**2**　]らの努力でカトリック教徒解放法が成立した。政治面では，(c)<u>選挙法が改正された</u>。また，社会面では (d)<u>労働者が置かれた劣悪な労働環境の改善</u>が試みられた。経済面では，[　**3**　]，[　**4**　]が反穀物法同盟をつくった。さらに，1849年に航海法が (e)<u>廃止</u>され，自由貿易の原則が確立した。

問1　文中の空欄[　**1**　]〜[　**4**　]に入れるものとして正しいものを，次のそれぞれの(ア)〜(エ)のうちから一つずつ選べ。

☐　[　**1**　]　(ア)　首長法　　(イ)　寛容法　　(ウ)　統一法　　(エ)　審査法

☐　[　**2**　]　(ア)　アムンゼン　　(イ)　マクドナルド
　　　　　　　　(ウ)　オコンネル　　(エ)　プルードン

☐　[　**3**　]　(ア)　コブデン　　(イ)　ケネー　　(ウ)　ロック　　(エ)ホッブズ

☐　[　**4**　]　(ア)　ケインズ　　(イ)　ベンサム　　(ウ)　コント　　(エ)　ブライト

□ **問2** 下線部(**a**)に関連して，19世紀の欧米における自然科学や技術について述べた文として正しいものを，次の(ア)～(エ)のうちから一つ選べ。

(ア) レントゲンが，X線を発見した。

(イ) メンデルが，エネルギー保存の法則を発見した。

(ウ) ダーウィンが，ダイナマイトを発明した。

(エ) モールスが，ラジウムを発見した。

□ **問3** 下線部(**b**)に関連して，19世紀のアイルランドについて述べた文として正しいものを，次の(ア)～(エ)のうちから一つ選べ。

(ア) ECに加盟した。

(イ) グラッドストンが，アイルランド自治法案を提出した。

(ウ) シン・フェイン党が蜂起した。

(エ) アイルランド共和国が成立した。

□ **問4** 下線部(**c**)に関連して，イギリスの第1回選挙法改正について述べた文として正しいものを，次の(ア)～(エ)のうちから一つ選べ。

(ア) 腐敗選挙区が廃止された。

(イ) 21歳以上のすべての男性に選挙権が認められた。

(ウ) この改正に不満を持つ人々が，権利の章典を制定した。

(エ) トーリ党内閣によって，実現された。

□ **問5** 下線部(**d**)に関連して，労働組合や協同組合の設立に努力するとともに，スコットランドのニューラナークに工場村を建設した人物として正しいものを，次の(ア)～(エ)のうちから一つ選べ。

(ア) クライヴ (イ) グロティウス

(ウ) オーウェン (エ) フロイト

□ **問6** 下線部(**e**)に関連して，世界史上の制度の廃止について述べた文として誤っているものを，次の(ア)～(エ)のうちから一つ選べ。

(ア) 公民権運動で，アメリカ南部の人種差別制度の廃止が求められた。

(イ) 1946年の国民投票の結果，ベルギーで王政が廃止された。

(ウ) ムスタファ・ケマル(ケマル・アタテュルク)によって，カリフ制が廃止された。

(エ) 南北戦争後のアメリカ合衆国で，奴隷制が正式に廃止された。

20 南北アメリカと19世紀の文化

1 アメリカ合衆国の発展について述べた次の文章を読み，それぞれの設問に答えよ。

（松山大）

19世紀にはいると，アメリカ合衆国は領土を西へ南へと拡大していく。第3代大統領は，1803年にミシシッピ川以西のルイジアナを買収し領土を倍増させ，第5代大統領のときには[**ア**]からフロリダを買収している。その後も1848年に，[**イ**]からカリフォルニア周辺を獲得し，着実に領土を拡大させていった。その後の西部開拓は，西部出身最初の大統領となった第7代大統領[**ウ**]のときに推進された。[**ウ**]は白人男性普通選挙制を採用するなど民主政治を推し進めたが，インディアン強制移住法を制定し，先住民をミシシッピ川以西の荒地へ追いやったのである。

19世紀には，領土拡大のほか，アメリカ合衆国内の工業化がうながされた。北部では商工業が発達して，イギリス資本に対抗して保護関税政策を求める声が拡大していた。南部では以前から綿花やタバコの栽培を中心とした農業が主要産業であり，[**エ**]の綿繰り機の発明によって綿花輸出が拡大し，自由貿易を主張する声が強まっていた。このような西部開拓，経済構造を背景に，(a)奴隷制をめぐる主張もふくめ，南部と北部の対立は激化していった。そして1861年，(b)南北戦争が始まるのである。

□ **問1** 文章中の空所[**ア**]と[**イ**]に入る国名の組み合わせとして正しいものを，次の中から1つ選べ。

① **ア**：オランダ　**イ**：イギリス

② **ア**：オランダ　**イ**：メキシコ

③ **ア**：スペイン　**イ**：イギリス

④ **ア**：スペイン　**イ**：メキシコ

□ **問2** 文章中の空所[**ウ**]に入る人物名として正しいものを，次の中から1つ選べ。

① モンロー　② ジェファソン　③ リンカン　④ ジャクソン

□ **問3** 文章中の空所[**エ**]に入るアメリカの発明家の人物名として正しいものを，次の中から1つ選べ。

① ホイットニー　　② ダービー

③ ニューコメン　　④ ハーグリーヴズ

□ **問4**　下線部分**(a)**について，この奴隷制を批判する『アンクル＝トムの小屋』を著した作家名として正しいものを，次の中から1つ選べ。

①　ストウ　　②　スウィフト　　③　ホイットマン　　④　ミルトン

□ **問5**　下線部分**(b)**について，この戦争について述べた文として正しいものを，次の中から1つ選べ。

①　南部諸州はアメリカ連合国をつくり，ジェファソン＝デヴィスを大統領に選んだ。

②　アメリカ連合国の首都は，ニューオーリンズである。

③　当初は南軍が優勢であったが，リー将軍の活躍で北軍が南軍を破った。

④　奴隷制反対をとなえる民主党の大統領が北軍を勝利に導いた。

2　**アメリカ大陸の歴史に関する文章を読み，あとの設問に記号で答えよ。**

（大妻女子大）

　イギリスの北アメリカ植民地で18世紀後半に起こった(1)アメリカ独立革命は，政治面でラテンアメリカの植民地にも多大な影響を与えた。特にスペイン本国がナポレオンの軍隊によって占領されると，ラテンアメリカの植民地でも相次いで(2)独立運動が起こり，その結果生まれたラテンアメリカ諸国では，多くの国でアメリカ合衆国と同様に共和政が採用された。

　このようなラテンアメリカ諸国の独立に対して，ヨーロッパ諸国が干渉の動きを示すと，アメリカ合衆国大統領は，(3)ヨーロッパのアメリカ大陸への干渉に反対する声明を発した。その後アメリカ合衆国は，(4)西部開拓による国内開発と産業革命の進展，そして国家分裂の危機であった(5)南北戦争を乗り越えて，19世紀末には世界一の工業国へと発展を遂げた。そして1898年にはアメリカ＝スペイン戦争においてスペインを破り，キューバを保護国とするとともに，(6)カリブ海に勢力を広げ，その後は中央アメリカから南アメリカへと影響力を強めていった。

　しかし，こうしたアメリカ合衆国のラテンアメリカへの政治的，経済的影響力の拡大に対し，ラテンアメリカ諸国は20世紀初めのメキシコ革命を皮切りに

反発を強め，政治的，経済的自立の道を模索し始めた。そのような動きのなか
でも 1959 年の(7)キューバ革命はアメリカ合衆国に特に強い衝撃を与えた。

□ **問1**　下線部(1)のアメリカ独立革命によって誕生したアメリカ合衆国は，その
　　　国家体制を整える過程で近代的な成文憲法を制定した。その憲法に関する次
　　　の説明A〜Cについて，正誤の組み合わせが正しいものを下の**ア〜カ**のうち
　　　から一つ選べ。

　　A．憲法制定会議は 1787 年にフィラデルフィアで開催された。

　　B．憲法の規定により，立法府である連邦議会は一院制となった。

　　C．憲法の規定で実施された最初の大統領選挙でワシントンが当選した。

　　　ア．A正－B正－C誤　　　**イ**．A正－B誤－C正

　　　ウ．A正－B誤－C誤　　　**エ**．A誤－B正－C誤

　　　オ．A誤－B正－C正　　　**カ**．A誤－B誤－C正

□ **問2**　下線部(2)の独立運動に関する次の説明A〜Cについて，正誤の組み合わ
　　　せが正しいものを下の**ア〜カ**のうちから一つ選べ。

　　A．ブラジルはポルトガルの皇太子が帝位につき独立した。

　　B．南アメリカの北部では大コロンビアが独立した。

　　C．メキシコはサン＝マルティンの指導によって独立した。

　　　ア．A正－B正－C誤　　　**イ**．A正－B誤－C正

　　　ウ．A正－B誤－C誤　　　**エ**．A誤－B正－C誤

　　　オ．A誤－B正－C正　　　**カ**．A誤－B誤－C正

□ **問3**　下線部(3)のヨーロッパのアメリカ大陸への干渉にアメリカ合衆国と同様
　　　に反対し，ラテンアメリカ諸国の独立を承認した国を次の**ア〜オ**のうちから
　　　一つ選べ。

　　　ア．イギリス　　**イ**．オランダ　　　**ウ**．フランス

　　　エ．スペイン　　**オ**．ロシア

□ **問4**　下線部(4)の西部開拓による国内開発によって先住民は強制移住させられ
　　　るなど圧迫を受けたが，それに関する次の説明A〜Cについて，正誤の組み
　　　合わせが正しいものを下の**ア〜カ**のうちから一つ選べ。

　　A．西部開拓の結果，1850 年にフロンティアの消滅が宣言された。

　　B．先住民強制移住法は，モンロー大統領のもとで制定された。

C. 先住民には，開拓者が使わない荒地が保留地として与えられた。

    ア． A正－B正－C誤   **イ．** A正－B誤－C正

    ウ． A正－B誤－C誤   **エ．** A誤－B正－C誤

    オ． A誤－B正－C正   **カ．** A誤－B誤－C正

☐ **問5** 　下線部の(5)の南北戦争に関わる次の出来事**A〜C**を，年代順に正しく並べたものを下の**ア〜カ**のうちから一つ選べ。

A． アメリカ連合国の結成

B． カンザス・ネブラスカ法の制定

C． 奴隷解放宣言の公布

    ア． A⇒B⇒C   **イ．** B⇒C⇒A   **ウ．** C⇒A⇒B

    エ． A⇒C⇒B   **オ．** B⇒A⇒C   **カ．** C⇒B⇒A

☐ **問6** 　下線部(6)のカリブ海に勢力を広げようとアメリカ合衆国は，軍事力を背景に強引な「棍棒外交」を展開したが，その時の大統領を次の**ア〜オ**のうちから一つ選べ。

    ア． ウッドロー＝ウィルソン   **イ．** セオドア＝ローズヴェルト

    ウ． タフト   **エ．** フーヴァー   **オ．** マッキンリー

☐ **問7** 　下線部(7)のキューバ革命の経緯に関する次の説明**ア〜オ**のうち，下線がついた部分が誤っているものを一つ選べ。

    ア． 親米的なバティスタ政権が倒された。

    イ． カストロがキューバの首相となった。

    ウ． アメリカ合衆国のケネディ政権はキューバと断交した。

    エ． キューバはラテンアメリカ初の社会主義国となった。

    オ． 米州機構はキューバを資格停止にした。

21 アジアの植民地化

1 次の文章を読み，あとの問いに答えよ。 （東北学院大）

　オスマン帝国は (a)スレイマン1世の時代に絶頂期を迎えた。その死後も，1571年に[　1　]の海戦では敗れたが，国内統治は比較的安定した状態を維持した。ところが，1683年に第2次ウィーン包囲に失敗すると，対外戦争で苦戦をしいられるようになり，次第に衰退の道を歩み始めた。19世紀に入ると，ヨーロッパ型の近代化が試みられ，1826年には[　2　]が廃止された。さらに1839年に[　3　]が即位すると，その年にギュルハネ勅令を発して，(b)政治・軍事・社会の諸改革に着手した。この改革は一定の成果をみたが，対外的な劣勢は挽回できず，[　4　]年にロシアとの間で勃発した (c)クリミア戦争は，ヨーロッパ諸国のさらなる介入をまねくきっかけとなった。

□ **問1**　空欄[　1　]～[　4　]に入る最適語を次の【語群】の中から選び，記号で答えよ。

　【語群】

　　ア. アブデュルハミト2世　　**イ.** レパント　　**ウ.** 1853

　　エ. ナヴァリノ　　**オ.** ミドハト憲法　　**カ.** 1873

　　キ. アブデュルメジト1世　　**ク.** スルタン＝カリフ制

　　ケ. プレヴェザ　　**コ.** イェニチェリ　　**サ.** 1863　　**シ.** セリム1世

□ **問2**　下線部(a)について，この人物が実施した事業として間違っているものを，次の文ア～エから一つ選び，記号で答えよ。

　　ア. ハンガリーを征服した。

　　イ. 建築家シナン（スィナン）に命じてスレイマン＝モスクを建設させた。

　　ウ. ウィーンを包囲（第1次ウィーン包囲）した。

　　エ. コンスタンティノープルを陥落させた。

□ **問3**　下線部(b)について，この改革の名称を何というか。

□ **問4**　下線部(c)に関連して，オスマン帝国を支援して参戦した国はどこか。正しいものを，次の文ア～エから一つ選び，記号で答えよ。

　　ア. フランス　　**イ.** オーストリア　　**ウ.** スウェーデン

　　エ. プロイセン

68

2 次の文章Ａ，Ｂを読んで，設問（問１～問11）に答えよ。　　（広島修道大）

Ａ．ヨーロッパ諸国の東南アジア進出は 19 世紀に入るとますます活発化した。
[Ａ]は 1619 年にジャワ島での根拠地として［　ア　］（現在のジャカルタ）
を建設し，東南アジア地域の香辛料貿易を独占した。[Ａ]は 1830 年代にな
ると，ジャワ島住民にヨーロッパ向け輸出作物としてサトウキビ・コーヒーな
どを強制栽培させて巨額の利益をあげた。そして，1904 年にはジャワ島に，ス
マトラ島などを加えて[Ａ]領東インドがつくられた。

　　[Ｂ]は 16 世紀までにフィリピンを制圧し，1571 年に建設した［　イ　］
を，中国とメキシコを結ぶ中継貿易の基地とした。しかし，1898 年のアメリ
カ＝[Ｂ]戦争で敗れ，フィリピンはアメリカ合衆国に割譲された。

　　[Ｃ]はインドシナ半島の植民地化を進めた。ヴェトナムでは 19 世紀の初
め，［　ウ　］が[Ｃ]人宣教師ピニョーの援助により西山朝を倒し，新しい
統一王朝を建てた。しかしその後，[Ｃ]勢力の拡大を恐れたその王朝が，
[Ｃ]人の通商活動を制限し始めると，[Ｃ]人はヴェトナムに出兵し，
1862 年その王朝との間に［　エ　］を結び，コーチシナ東部を奪い取り，さらに
1883 年ユエ条約でヴェトナム全土の保護国化を宣言した。宗主国の清朝はこれ
を認めず，1884 年この両国間において戦争が起こったが，清は敗れ 1885 年の
［　オ　］で，ヴェトナムに対する[Ｃ]の保護権を承認した。こうして，
[Ｃ]は 1863 年以来保護国としていたカンボジアとあわせ，1887 年にはハ
ノイに総督府をおく[Ｃ]領インドシナ連邦を成立させた。

　清は 1757 年以降，貿易を広州一港に限っていた。この頃，中国貿易を独占し
茶を輸入していた[Ｄ]は，貿易制限に不満を感じ，1792 年マカートニー，
1816 年にアマーストを派遣し，制限の緩和を求めた。しかし清はこれに応じな
かった。[Ｄ]の対中国貿易は輸入超過になり，代金は銀によって決済しな
ければならなかった。そこで[Ｄ]はインドでアヘンを製造し，これを中国
へ独占的に密輸した。アヘン吸引の習慣が流行し，アヘンの害毒と銀の流出に
苦しんだ清は［　カ　］を広州に派遣し，アヘン貿易を厳禁した。これに対し，
[Ｄ]は軍艦をもって沿岸地域を攻撃し，アヘン戦争が始まった。戦争に敗
れた清朝は，1842 年［　キ　］を結び，5 港を開港し，［　ク　］を割譲した。し
かし，期待したほど貿易上の利益が上がらなかった[Ｄ]は，[Ｃ]を

誘って［　ケ　］を起こし，［　コ　］により，天津など11港の開港を認めさせた。

　こうして欧米諸国は19世紀末までに，東南アジアのほぼ全域を植民地として領有することになった。

□ 問1　空欄　A　，　B　，　C　，　D　に当てはまる語句の組み合わせとして適切なものを次の選択肢の中から一つ選べ。

(1)　A．フランス　　B．イギリス　　C．スペイン　　D．オランダ

(2)　A．イギリス　　B．スペイン　　C．オランダ　　D．フランス

(3)　A．スペイン　　B．オランダ　　C．イギリス　　D．フランス

(4)　A．オランダ　　B．スペイン　　C．フランス　　D．イギリス

(5)　A．イギリス　　B．フランス　　C．オランダ　　D．スペイン

□ 問2　空欄［　ア　］に当てはまる適切な語句を，次の選択肢の中から一つ選べ。

(1)　ボンベイ　　(2)　マドラス　　(3)　カルカッタ　　(4)　バタヴィア

(5)　シャンデルナゴル

□ 問3　空欄［　イ　］に当てはまる適切な語句を，次の選択肢の中から一つ選べ。

(1)　マニラ　(2)　マラウィ　(3)　ゴア　(4)　マカオ　(5)　ムニョス

□ 問4　空欄［　ウ　］に当てはまる適切な語句を，次の選択肢の中から一つ選べ。

(1)　劉永福　　(2)　阮福暎　　(3)　洪秀全　　(4)　李鴻章　　(5)　金玉均

□ 問5　空欄［　エ　］，［　オ　］，［　キ　］，［　コ　］に当てはまる語句の組み合わせとして適切なものを次の選択肢の中から一つ選べ。

(1)　エ．北京条約　オ．サイゴン条約　キ．天津条約　コ．南京条約

(2)　エ．サイゴン条約　オ．天津条約　キ．南京条約　コ．北京条約

(3)　エ．天津条約　オ．南京条約　キ．サイゴン条約　コ．北京条約

(4)　エ．南京条約　オ．北京条約　キ．天津条約　コ．サイゴン条約

(5)　エ．サイゴン条約　オ．南京条約　キ．北京条約　コ．天津条約

□ 問6　空欄［　カ　］に当てはまる適切な語句を，次の選択肢の中から一つ選べ。

(1)　曾国藩　　(2)　梁啓超　　(3)　林則徐　　(4)　章炳麟　　(5)　袁世凱

□ 問7　空欄［　ク　］に当てはまる適切な語句を，次の選択肢の中から一つ選べ。

(1)　青島　　(2)　熱河　　(3)　旅順　　(4)　香港島　　(5)　大連

□ 問8　空欄［　ケ　］に当てはまる適切な語句を，次の選択肢の中から一つ選べ。

(1) プラッシーの戦い　(2) 義和団事件　(3) アロー戦争

(4) 清仏戦争　　　　　(5) 太平天国の乱

□ **問9**　19世紀のなかば，ロシアも東シベリア総督ムラヴィヨフのもとで清への
圧力を強めた。ロシアが中国と結んだ条約を年代順に正しく配列しているも
のを次の選択肢の中から一つ選べ（左から年代が若い）。

(1) アイグン条約　北京条約　イリ条約

(2) 北京条約　アイグン条約　イリ条約

(3) イリ条約　アイグン条約　北京条約

(4) アイグン条約　イリ条約　北京条約

(5) 北京条約　イリ条約　アイグン条約

B. 19世紀後半になって，ドイツが1898年 ［　**サ**　］ を租借すると，同年ロシ
アが遼東半島南部を，イギリスが威海衛・九竜半島を租借し，1899年にフラン
スは広州湾を租借した。さらに，ロシアは東北地方，ドイツは山東地方，イギ
リスは長江流域と広東東部，フランスは広東西部と広西地方，日本は福建地方
をそれぞれの勢力範囲に定めた。こうした列強の中国進出におくれをとったア
メリカ合衆国は，国務長官 ［　**シ**　］ の名で，中国の門戸開放・機会均等・領土
保全を各国に提唱して，中国市場への進出を実現した。

□ **問10**　空欄 ［　**サ**　］ に当てはまる適切な語句を，次の選択肢の中から一つ選べ。

(1) 江東岸　(2) カシュガル　(3) 膠州湾　(4) 上海　(5) 漢口湾

□ **問11**　空欄 ［　**シ**　］ に当てはまる適切な語句を，次の選択肢の中から一つ選べ。

(1) ジョン＝ヘイ　(2) ケロッグ　(3) モルガン

(4) マッキンリー　(5) カーネギー

解答・解説：別冊 p.44

22 帝国主義と世界分割

1 次の文章を読み，あとの問いに答えよ。 （東北学院大）

19世紀末の大不況を機に，世界は帝国主義の時代に入っていった。ロシア革命の指導者レーニンは，『帝国主義論』の中で，帝国主義とは，独占体と[**1**]の支配を前提に資本輸出の重要性が著しく増し，資本主義諸列強による世界の領土分割が行われる資本主義の最高の段階のことであると分析した。

先進資本主義国，なかでもアメリカ・ドイツなどにおいて，電力や石炭を動力源として，鉄鋼・電機・化学などの重化学工業が急速に発展した。これを[**2**]革命と呼んでいる。自由競争に勝ち残った少数の大企業が相互の競争を避けるために企業の集中・独占を進め，利潤の独占をはかるようになった。[**1**]は，国内だけでは利潤をあげることが難しくなると，国内の余剰資本のより有利な投下先を求めて国外へ進出するようになった。先進資本主義諸国は，国内の余剰資本を原料・労働力・市場を持つ植民地などに投資することでより大きな利潤をあげようとし，植民地や従属国を求めてアジア・アフリカなどへの進出をはかったのである。

(a)イギリスやフランスなどの先進資本主義国が早くから海外に進出して広大な植民地を領有したのに対し，(b)ドイツ・ロシア・日本などは遅れて植民地の獲得に乗り出し，植民地の再分割を要求した。(c)このため，帝国主義列強間で対立が激化し，やがては第一次世界大戦へとつながった。

その間，先進資本主義諸国内では，労働運動が盛んとなり，帝国主義や軍国主義に反対する(d)社会主義運動がおこる一方，帝国主義列強によって支配された地域では激しい抵抗と解放のための闘争が展開され，同時に旧体制に対する変革の動きも広がっていった。

【語群】

(A) 青年トルコ (B) 第1インターナショナル

(C) 第2インターナショナル (D) ディズレーリ (E) グラッドストン

(F) ヴィクトリア (G) 清仏戦争 (H) 英仏戦争 (I) 金融資本

(J) 独占資本 (K) ベルリン会議 (L) ウィーン会議 (M) 日清戦争

(N) 米西戦争 (O) 第2次産業 (P) 第3次産業 (Q) ファショダ事件

(R) 第1次モロッコ事件　(S) 第2次モロッコ事件　(T) 日仏戦争

(U) タンジール事件　(V) マフディー　(W) 自由資本　(X) チェンバレン

□ **問1** 本文中の[　1　]と[　2　]に入る最適語を【語群】から選び，記号で答えよ。

□ **問2** 下線部(a)に関連して，①1877年にヴィクトリア女王を皇帝としてインド帝国を成立させた時のイギリス首相は誰か。また，②フランスは，フランス領インドシナを成立させたが，そのきっかけとなった戦争を何というか。それぞれ最適語を【語群】から選び，記号で答えよ。

□ **問3** 下線部(b)に関連して，ロシアがオスマン帝国と締結したサン゠ステファノ条約に不満を持ったイギリスやオーストリアが抗議したことを受けて，ビスマルクが調停のために開いた会議を何というか。最適語を【語群】から選び，記号で答えよ。

□ **問4** 下線部(c)に関連して，①1898年，スーダンで，イギリスとフランスが衝突した事件を何というか。また，②アメリカがフィリピンやグアム島を獲得した戦争を何というか。それぞれ最適語を【語群】から選び，記号で答えよ。

□ **問5** 下線部(d)について，1889年に社会主義の国際組織として結成された組織を何というか。最適語を【語群】から選び，記号で答えよ。

□ **2** **下の文章の空欄[　ア　]～[　ク　]に該当する項目を，あとの語群(01)～(20)の中から1つ選びなさい。**
（大阪学院大）

フランス革命と第二次産業革命を経験したヨーロッパは，ナショナリズムと産業化の時代を迎え，世界で最も豊かで強力な地域になった。ヨーロッパ列強は19世紀末から第一次世界大戦にかけて，世界を自分たちの植民地や勢力圏に分割していった。これをいわゆる帝国主義という。

すでに，イギリスは1600年に東インド会社を設立しており，1757年にはイギリス東インド会社軍がフランス・ベンガル太守連合軍を[　ア　]の戦いで破り，フランス勢力がインドからほぼ駆逐された。また，1826年にはペナン島，マラッカ，シンガポールを合わせて[　イ　]植民地を成立させた。インドでは，シパーヒーの反乱の中，1858年にはムガル帝国が滅亡し，1877年に[　ウ　]女王を皇帝とするインド帝国が成立した。さらに，イギリスは3度にわたるビル

マ戦争で［　エ　］朝を滅ぼし，1886年にビルマをインド帝国に併合した。

　インドをイギリスに譲ったフランスはインドシナに転じ，1863年にカンボジアを保護国化し，1883年，1884年の［　オ　］条約でベトナムを保護国とした。1887年にはコーチシナ，アンナン，トンキン，カンボジアで形成されるフランス領インドシナ連邦が成立した。

　イギリスとフランスの対立はアフリカ分割でも見られ，アフリカ縦断政策をとるイギリスと横断政策をとるフランスは，スーダンの［　カ　］で衝突・対立した。

　アメリカも帝国主義の流れに乗って，アメリカ外交の大きな転換点となる1898年のアメリカ＝スペイン戦争に勝利を収め，［　キ　］，グアム，プエルトリコを獲得し，キューバを事実上の保護国とした。

　帝国主義の動きはアジア・アフリカだけでなく，太平洋諸地域の分割にも及び，遅れてきた帝国主義国家といわれる［　ク　］は，1886年にマーシャル諸島，1899年にカロリン諸島，パラオ諸島，マリアナ諸島を支配下に置いた。

　　(01)　エリザベス　(02)　コンバウン　(03)　天津　(04)　アン　(05)　プラッシー
　　(06)　モロッコ　(07)　イタリア　(08)　ヴィクトリア　(09)　越南　(10)　ドイツ
　　(11)　マレー　(12)　ユエ　(13)　インドネシア　(14)　アフガン
　　(15)　ファショダ　(16)　サイゴン　(17)　海峡　(18)　トルコ　(19)　阮
　　(20)　フィリピン

3　**アフリカ史について述べた次の文章を読み，それぞれの設問に答えよ。**

（松山大）

　19世紀がしだいに深まり，ヨーロッパ列強が(a)帝国主義の段階に入るとアフリカ分割の時代が始まる。1880年代に入ると，列強の間で激しいアフリカ分割競争が開始された。こうした分割競争に一定のルールを課すとともに，既得の権益を相互に調整し国際的に承認することを目的として，(b)1884年から翌年にかけてベルリン会議が開かれた。しかしベルリン会議以後，列強のアフリカ分割競争はいっそう白熱化していった。20世紀初めには，(c)西アフリカとアフリカ北東部にそれぞれ独立国が一つ存在していたが，アフリカのほとんどの地域は植民地化された。

このアフリカ分割の時期，アフリカ各地で抵抗が起こった。たとえば，エジプトのアラービー＝パシャの反乱，東アフリカのマジ＝マジの蜂起，アフリカ南部のズールー人の反乱，南西アフリカのヘレロとナマの反乱，北アフリカのサヌーシーの反乱などがある。1912年にアフリカ民族会議が創設され，人種差別撤廃をめざす運動が始まった。第一次世界大戦が終わると，世界の民族運動の波がアフリカ各地にも広がり，自治や独立をめざす組織が設立された。

☐ **問1** 下線部分(a)について，帝国主義とアフリカ分割について述べた文として正しいものを，次の中から1つ選べ。

① アフリカ縦断政策をとるフランスの軍隊と，横断政策をとるイギリスの軍隊がナイル河畔で衝突した。

② フランスは1880年代から植民地拡大政策を実行し，南アメリカ・アフリカに大植民地をつくりあげた。

③ ドイツのヴィルヘルム1世は，「世界政策」の名の下に強引な帝国主義政策を追求した。

④ イギリスの植民相は，南アフリカ戦争などの帝国主義政策を推進した。

☐ **問2** 下線部分(b)について，このベルリン会議を説明する文としてあやまりのあるものを，下の中から1つ選べ。

① 先に占領した国が領有できるという原則が確認された。

② マダガスカルはフランスの勢力圏とされた。

③ ロシアの東地中海・バルカン半島への進出に対するイギリス等の反発で開催された。

④ ドイツのビスマルクがこの会議を開いた。

☐ **問3** 下線部分(c)について，この当時の西アフリカの独立国として正しいものを，次の中から1つ選べ。

① ナイジェリア ② リベリア ③ カメルーン ④ アンゴラ

23 アジア諸国の改革

1 20世紀の中国に関する次の年表を参照しながら，あとの問い（問1〜4）に答えなさい。

（同志社女子大）

年表

年 代	出 来 事
1901年	(a)北京議定書（辛丑和約）調印
1903年	(b)東清鉄道営業開始
1905年	中国同盟会，[**ア**]で結成 科挙の廃止
1908年	憲法大綱の発表
1911年	辛亥革命（〜12年）
1912年	中華民国成立，孫文が臨時大総統に就任 清朝滅亡 (c)袁世凱，臨時大総統就任
1914年	第一次世界大戦（〜18年）
1919年	北京で[**イ**]が発生 中華革命党，中国国民党と改称

☐ **問1** 年表中の空欄[**ア**]・[**イ**]に入れる語の組合せとして正しいものを，次の①〜④の中から一つ選びなさい。

① **ア**－ハワイ　**イ**－五・四運動

② **ア**－ハワイ　**イ**－五・三〇運動

③ **ア**－東京　　**イ**－五・四運動

④ **ア**－東京　　**イ**－五・三〇運動

☐ **問2** 下線部(a)に関する説明として正しいものを，次の①〜④の中から一つ選びなさい。

① 外国軍隊の北京駐屯を認めた。

② キリスト教布教の自由を認めた。

③ 公行の廃止を認めた。

④ 日本に台湾を割譲した。

□ **問3**　下線部(**b**)に関して，この鉄道の敷設権を得て建設にあたった国を，次の①〜④の中から一つ選びなさい。

　　　① 日本　　　② ロシア　　　③ ドイツ　　　④ フランス

□ **問4**　下線部(**c**)の人物に関する説明として波線部が誤っているものを，次の①〜④の中から一つ選びなさい。

　　　① 朝鮮でおこった壬午軍乱や甲申政変などで軍功をあげた。

　　　② 淮軍を率いた李鴻章の信任を得た。

　　　③ 日清戦争の敗北後，洋式軍隊の訓練にあたった。

　　　④ 戊戌の政変に際し，保守派の光緒帝側についた。

2　**次の文章を読み，あとの問いに答えよ。**　　　　　　　　　（東北学院大）

　(a)オスマン帝国は，1839年から，諸列強の干渉を防ぐために軍隊の近代化や行政改革を進める「上からの改革」を展開した。しかし，イェルサレムの管理権をめぐってロシアとの戦争が勃発した際，イギリスやフランスと同盟して勝利したが，両国に対して多大の負債を負うことになり財政破たんの危機を招いた。その危機を救うために，(b)1876年に立憲君主制をめざした憲法が制定されたが，露土戦争が起こると，憲法は停止され再びスルタンの専制政治に戻った。この戦争によって領土は縮小し，ヨーロッパ諸列強への経済的従属が一層深まる中，(c)スルタンの専制政治に反対する運動が軍人や知識層の間で広がり，憲法の復活を実現させた。

□ **問1**　下線部(**a**)の改革は，一般に何と呼ばれているか。

□ **問2**　下線部(**b**)の憲法を制定した人物名を次の**ア**〜**カ**の中から選び，記号で答えよ。

　　　ア．ウラービー大佐　　**イ**．イブン＝アブドゥル＝ワッハーブ

　　　ウ．ミドハト＝パシャ　　**エ**．アブデュル＝ハミト2世

　　　オ．アフメト2世　　　　**カ**．セリム3世

□ **問3**　下線部(**c**)の運動の中心となった組織は何か。

24 第一次世界大戦とヴェルサイユ体制

1 次の問1～問5に答えなさい。 （国士舘大）

□ **問1** 第一次世界大戦は1914年にドイツ軍がある中立国に侵攻したことから始まった。ドイツ軍が侵攻したその国を，次の①～④の中から一つ選びなさい。

① ポーランド ② スイス ③ オランダ ④ ベルギー

□ **問2** ドイツでは1918年に革命が起こって共和国となり，共和国政府が連合国側と休戦協定を結んで第一次世界大戦は終結したが，この革命について述べた次の文①～④のうち，誤っているものを一つ選びなさい。

① 革命はキール軍港での水兵の反乱から始まった。

② 革命が起こったため，ドイツ皇帝はイギリスに亡命した。

③ 革命の過程で各地に労兵レーテが結成された。

④ 革命によって，社会民主党を中心とする臨時政府が作られた。

□ **問3** 1917年3月8日（ロシア暦2月23日）に始まった二月革命後，当時亡命中だったボリシェヴィキの指導者がロシアに戻り，"すべての権力をソヴィエトに"と主張して臨時政府との対決を呼びかける「四月テーゼ」を発表した。このボリシェヴィキの指導者を，次の①～④の中から一人選びなさい。

① レーニン ② トロツキー ③ フルシチョフ ④ スターリン

□ **問4** 1919年に第一次世界大戦の講和会議がパリで開催された。この講和の基本原則はアメリカ合衆国大統領ウィルソンが前年に発表した「十四カ条」であるが，その内容として不適切なものを，次の①～④の中から一つ選びなさい。

① ヨーロッパ連合の結成 ② 海洋の自由

③ 秘密外交の廃止 ④ 関税障壁の撤廃

□ **問5** 第一次世界大戦の講和条約は，旧同盟国のそれぞれについて個別に結ばれたが，そのうちオスマン帝国との間に結ばれた講和条約を，次の①～④の中から一つ選びなさい。

① ヌイイ条約 ② サン＝ジェルマン条約

③ トリアノン条約 ④ セーヴル条約

2 第一次世界大戦後の欧米諸国について述べた次の文章を読み，設問に答えよ。

（松山大）

1919年1月，(a)パリ講和会議が開かれた。会議は，アメリカ大統領ウィルソンの十四カ条の平和原則にもとづいてすすめられた。しかし連合国は自国の利益を主張したため，平和原則は軽視され，国際連盟の設立以外は，ほとんど実現しなかった。同年6月には，パリ郊外の宮殿で，(b)連合国とドイツとの間にヴェルサイユ条約が結ばれた。この条約はドイツにとって過酷なものとなった。

1920年には，(c)国際連盟が結成され，スイスのジュネーヴに本部が置かれた。国際連盟には国際労働機関（ILO）や常設国際司法裁判所などの附属機関が設置された。だが，国際平和の維持という点では不十分であった。

□ **問1** 下線部分(a)について，この会議にフランス代表として出席した人物名として正しいものを，次の中から1つ選べ。

　　① ペタン　　② クレマンソー　　③ ポワンカレ　　④ ブリアン

□ **問2** 下線部分(b)について，ヴェルサイユ条約がドイツに課した条件としてあやまりのあるものを，次の中から1つ選べ。

　　① ラインラントを非武装化した。

　　② 軍備は制限され，戦車や潜水艦の保有は禁止された。

　　③ アルザス・ロレーヌをフランスに返還した。

　　④ 植民地の一部を保持することができた。

□ **問3** 下線部分(c)について，国際連盟について述べた文として正しいものを，次の中から1つ選べ。

　　① アメリカは下院がヴェルサイユ条約の批准を拒否したので，加盟しなかった。

　　② 安全保障理事会が置かれ，強力な権限が与えられた。

　　③ 敗戦国やソ連の参加を認め発足した。

　　④ 最高議決機関の総会では全会一致を原則としていた。

25 アジア・アフリカ地域の民族運動

1 次の文章を読み，あとの問い(問1〜9)に答えよ。　　　　　（神戸女子大）

　1914年6月，ボスニアのサライェヴォで発生したオーストリア皇位継承者夫妻の暗殺事件は，かつてない規模の第一次世界大戦を引き起こした。この戦争の中で，(1)日本は連合国側に立って参戦し中国に進出して，時の袁世凱政権に強硬な要求を突きつけた。これは中国民衆の広汎な(2)反日運動を引き起こすことになる。インドでは，1917年にイギリスが戦後自治の約束をしたが，戦後に制定された(3)インド統治法は自治の約束からはほど遠いものであった。中東でも(4)ユダヤ人とアラブ人との対立に列強が絡むパレスチナ問題が発生した。

　1918年1月，ウィルソン米大統領が発表した十四カ条の平和原則は，アジア・アフリカの民族運動に適用されなかったために各地で民族解放や独立を求める運動が起こった。(5)ビルマ（ミャンマー）の独立運動，インドネシアや(6)ベトナムでの民族運動などが東南アジアで目立った。西南アジアでも民族運動は高揚した。(7)ムスタファ＝ケマルは侵入してきたギリシア軍との戦いに勝利した結果として[　**8**　]条約を結び，(9)エジプトでも独立への動きは高まった。

☐ **問1**　下線部(1)に関連して述べた文として誤っているものを，次の①〜④のうちから一つ選べ。

①　日本は，日英同盟を口実に連合国側に立った。

②　日本が占領した膠州湾は，浙江省にある。

③　日本は，ドイツ領南洋諸島を占領した。

④　日本に進出された中国は，後に連合国側に加わった。

☐ **問2**　下線部(2)に関連して述べた文として誤っているものを，次の①〜④のうちから一つ選べ。

①　日本の対華二十一カ条要求には，山東省のドイツ利権継承などが含まれていた。

②　新文化運動は，反日運動が盛り上がる中で啓蒙的な役割を果たした。

③　『新青年』は，新文化運動を支えて中国の旧体制を批判した。

④　李大釗は『新青年』を創刊し，儒教思想を批判した。

☐ **問3**　下線部(3)に関連して述べた文として誤っているものを，次の①〜④のう

ちから一つ選べ。

① インド民衆は，この統治法に期待し協力した。

② インド統治法とほぼ同時期にローラット法が発布された。

③ プールナ゠スワラージは，「完全なる独立」の意味である。

④ 英印円卓会議が開かれ，独立問題を協議したが失敗した。

□ **問4** 下線部(4)に関連して述べた文として誤っているものを，次の①〜④のうちから一つ選べ。

① シオニズムは，パレスチナにユダヤ人の国家建設を推進する考え方である。

② フセイン゠マクマホン協定は，パレスチナのアラブ人独立を支援する趣旨であった。

③ バルフォア宣言は，パレスチナにおけるユダヤ人国家の建設を支持した。

④ サイクス゠ピコ協定では，イギリス・フランス・ドイツがオスマン帝国の分割を協定した。

□ **問5** 下線部(5)に関連して，この独立運動の指導者として第二次世界大戦後まで活躍した人物は誰か。次の①〜④のうちから一人選べ。

① サヤ゠サン ② アウン゠サン ③ アンベドカール ④ ジンナー

□ **問6** 下線部(6)に関連してベトナム独立運動を指導する組織として1930年に結成され，後にベトナム労働党と改称されたものは何か。次の①〜④のうちから一つ選べ。

① インドシナ共産党 ② ベトナム青年革命同志会

③ ベトナム国民党 ④ インドネシア共産党

□ **問7** 下線部(7)に関連して述べた文として誤っているものを，次の①〜④のうちから一つ選べ。

① ムスタファ゠ケマルは，オスマン帝国のスルタン制を廃止した。

② ムスタファ゠ケマルは，アタチュルクという尊称を大国民議会から受けた。

③ ムスタファ゠ケマルは，イスタンブルを首都とする共和国を樹立した。

④ ムスタファ゠ケマルは，女性解放や文字改革を進めた。

□ **問8** 空欄[8]に入る語句として正しいものを，次の①～④のうちから一つ選べ。

① ヌイイ ② セーブル ③ トリアノン ④ ローザンヌ

□ **問9** 下線部(9)に関連して，このエジプト王国を保護国としていた国として正しいものを，次の①～④のうちから一つ選べ。

① イギリス ② フランス ③ ドイツ ④ イタリア

2 つぎの文章を読み，あとの設問に答えなさい。 （愛知学院大）

　[a]年に世界恐慌が起こると，その影響から日本で農村は破産し，都市でも大量の失業者が発生した。1931年9月18日，日本の[b]は奉天郊外の柳条湖で鉄道爆破事件を起こした。満州事変である。日本は清朝最後の皇帝[c]をかつぎだし，かいらい国家「満州国」を建国した。そして，長春を[d]に改め，首都とした。他方，中国の提訴を受けて，[e]はリットン調査団の派遣を決定した。調査団の報告は，日本の軍事行動を自衛権の発動ではないとし，日本の主張を退けた。日本はそれを不満とし，1933年3月[e]脱退を通告した。日本の侵攻は[f]線をこえて北平（北京）にせまった。ところで，1934年，江西省の[g]を中心とする中国共産党は国民政府軍の包囲攻撃に耐えきれず，有名な行軍である[h]を実行し，西北地方の陝西省にある[i]に中心となる根拠地を移すことになる。その過程で共産党内において[j]の軍政両面での指導権が確立したとされる。

□ **問1** [a]にあてはまる数字を記入しなさい。

□ **問2** [b]にあてはまる日本軍の名称を漢字3文字で記入しなさい。

□ **問3** [c]にあてはまる人名を漢字2文字で記入しなさい。

□ **問4** [d]にあてはまる都市の名称を漢字2文字で記入しなさい。

□ **問5** [e]にあてはまる語句を漢字4文字で記入しなさい。

□ **問6** [f]にあてはまる語句を漢字2文字で記入しなさい。

□ **問7** [g]にあてはまる地名を漢字2文字で記入しなさい。

□ **問8** [h]にあてはまる語句を漢字2文字で記入しなさい。

□ **問9** [i]にあてはまる地名を漢字2文字で記入しなさい。

□ **問10** [j]にあてはまる人名を漢字3文字で記入しなさい。

3 次の(1)〜(10)の短文は中東のどの国あるいは地域のことか，あとの語群から選択して記号で答えよ。語群にない場合は，最も適切な国名・地域名を記入せよ。

（東北福祉大）

☐ (1)　第一次世界大戦には同盟国の一員として参戦したが敗北する。1923年に共和政に移行し，以後徹底的な西欧化政策が実施された。

☐ (2)　1922年にイギリスから一応の独立を達成し，1924年にはワフド党が政権を握った。

☐ (3)　第一次世界大戦後イギリスの委任統治下に置かれた。1921年にはハーシム家のファイサルを王とする王国ができ，1932年には独立した。

☐ (4)　第一次世界大戦後イギリスの委任統治下に置かれ，1946年に独立を果たした。現在もハーシム家の王を頂く王国であり，首都はアンマンである。

☐ (5)　第一次世界大戦後フランスの委任統治下に置かれたが，1943年に独立した。首都はベイルートである。

☐ (6)　1925年にレザー゠ハーンが新しい王朝を開いた。

☐ (7)　サウード家のイブン゠サウードは，ハーシム家のフセインが建てたヒジャーズ王国を倒し，1932年には国土の大部分を統一した。

☐ (8)　第一次世界大戦後イギリスの委任統治下に置かれる。イギリスの外相が1917年にシオニズムへの支援を明言したこともあって，ユダヤ人の流入が増加し，在来のアラブ系住民との対立が激化した。

☐ (9)　19世紀の末にイギリスの保護国となったが，イギリスとの第3回目の戦いの結果，1919年に独立を認めさせた。

☐ (10)　第一次世界大戦後フランスの委任統治下に置かれ，1946年に共和国として独立する。首都はダマスカスである。

［語群］

あ．アフガニスタン　　**い**．アルジェリア　　**う**．イラク
え．シリア　　**お**．スーダン　　**か**．チュニジア　　**き**．モロッコ
く．ヨルダン　　**け**．リビア　　**こ**．レバノン

26 世界恐慌と第二次世界大戦

1 次の文章を読み，あとの問いに答えよ。 （東洋大）

(a)第一次大戦後の新しい国際体制ではアメリカの役割がこれまでになく大きくなった。アメリカは孤立主義に戻っていたが，ヨーロッパへの復興支援を行い，世界情勢へのかかわりは途絶えなかった。(b)1920年代には新しい産業もおこり，アメリカ経済は繁栄の時を迎えた。

しかし，1929年10月24日に[**A**]株式市場で株価が暴落し，世界恐慌に陥った。1929年に大統領に就任した[**B**]は，経済に政府が介入することなく自由放任政策を採っていれば自然と経済が回復すると考えた。しかし，経済の悪化を止めることができず，民主党の[**C**]に政権を奪われた。[**C**]は新規まき直しを意味する(c)ニューディール政策により，アメリカ経済の混乱を落ち着かせようとした。

世界恐慌の影響はヨーロッパにも波及していった。この混乱の中で，イギリスでは[**D**]内閣が緊縮財政を打ち出した。[**E**]ではアウトバーンと呼ばれる高速道路建設による失業対策に乗り出した。欧米各国では他国との経済的な関係よりも植民地との関係を深めるブロック経済がしだいに見られるようになった。こうして，(d)第一次大戦後の新しい国際体制は崩壊していった。ブロック経済とは，本国と海外領土（植民地や自治領など）との間の経済関係を強化し，その一方で他国との経済関係を弱めることで経済的な利益を得る経済政策を指す。イギリスの経済ブロックは[**F**]ブロックと呼ばれた。

□ **問1** 下線部(a)を表す語句として正しいものを，次のうちから一つ選べ。

① ウィーン体制　　② ヴェルサイユ体制　　③ ソヴィエト体制

④ ブレトン＝ウッズ体制　　⑤ スターリン体制

□ **問2** 下線部(b)に関連して，1920年代のアメリカについて述べた文として誤っているものを，次のうちから一つ選べ。

① ポンドからドルに基軸通貨が変わった。

② 女性参政権が成立した。

③ 大量生産・大量消費による大衆消費社会が出現した。

④ ラジオの商業放送が始まり，映画やスポーツが娯楽として発達した。

⑤ 月賦販売の登場により，洗濯機，冷蔵庫などの家庭電化製品が広く浸透した。

□ **問3** 空欄[**A**]に入る語句として正しいものを，次のうちから一つ選べ。

① フィラデルフィア ② セントルイス ③ サンフランシスコ

④ ボストン ⑤ ニューヨーク

□ **問4** 空欄[**B**]・[**C**]に入る語句として正しいものを，次のうちから一つずつ選べ。ただし，一つの選択肢は一度しか選べない。

① T＝ロ(ル)ーズヴェルト ② タフト ③ ウィルソン

④ ハーディング ⑤ クーリッジ ⑥ フーヴァー

⑦ F＝ロ(ル)ーズヴェルト ⑧ トルーマン ⑨ アイゼンハワー

問5 空欄[**D**]～[**F**]に入る語句として正しいものを，次のうちから一つずつ選べ。

□ [**D**] ① ロイド＝ジョージ ② 第二次マクドナルド

③ チェンバレン ④ チャーチル ⑤ アトリー

□ [**E**] ① フランス ② ドイツ ③ イタリア

④ スペイン ⑤ ソヴィエト連邦

□ [**F**] ① ドル ② フラン ③ スターリング

④ マルク ⑤ ルーブル

□ **問6** 下線部(C)について述べた次の文章の空欄[**ア**]～[**ウ**]に入る語句として正しいものを，下のうちから一つずつ選べ。

ニューディール政策は，企業や農家の生産力の回復をはかる政策と，消費者の購買力を高める政策がセットになっていた。企業ごとに規約を作らせて生産量を規制する[**ア**]は過剰生産による製品価格の下落を食い止めることを目指していた。一方，団結権や団体交渉権を労働者に認める[**イ**]によって労働者の権利を保障した。その他にも，発電能力増強により電力価格を引き下げ，かつ，工事に多くの労働者を雇用した[**ウ**]により国民の生活を安定させようとした。

① 農業調整法 ② 全国産業復興法 ③ 新経済政策

④ テネシー川流域開発公社 ⑤ 宥和政策 ⑥ 社会保障法

⑦ ワグナー法 ⑧ 善隣外交政策

□ **問7** 下線部(d)に関連して，ドイツについて述べた文として，正しいものを次のうちから一つ選べ。

① 国会議事堂放火事件以降も，ナチ党は他の政党や労働組合の活動を認めた。

② チェコスロヴァキアのズデーテン地方を住民投票によって編入した。

③ 国際連合から脱退し，再軍備を進めていった。

④ スペイン内戦に介入し，スペインとイタリアとの間で三国枢軸を結成した。

⑤ ロカルノ条約を破棄して，ラインラントに軍を進駐させた。

2 次の文章を読み，あとの問い(問1〜6)に答えよ。 (中部大)

1943年，[**1**]で(a)ソ連軍は勝利した。同年，イタリアでは[**2**]が失脚し，連合軍のイタリア本土上陸を受けて，新政権は無条件降伏を申し出た。

1944年には連合軍が[**3**]上陸を果たし，(b)ドイツは東西から挟撃された。同年8月にパリが解放され，フランスではヴィシー政府にかわって[**4**]を中心とする臨時政府が誕生した。

連合国首脳による(c)カイロ会談と(d)テヘラン会談を経て，1945年に[**5**]が出された。こうして(e)第二次世界大戦は終わった。

問1 文中の空欄[**1**]〜[**5**]に入れるのに最も適当なものを，次のそれぞれの(ア)〜(エ)のうちから一つずつ選べ。

□ [**1**] (ア) スターリングラードの戦い (イ) プレヴェザの海戦
(ウ) レパントの海戦 (エ) ヴェルダン要塞攻防戦

□ [**2**] (ア) フランコ (イ) ニコライ2世
(ウ) バドリオ (エ) ムッソリーニ

□ [**3**] (ア) イズミル (イ) ノルマンディー
(ウ) マルタ (エ) ニース

□ [**4**] (ア) ミッテラン (イ) クレマンソー
(ウ) ド・ゴール (エ) ガリバルディ

□ [**5**] (ア) ポツダム宣言 (イ) 人民憲章
(ウ) 門戸開放宣言 (エ) 全権委任法

□ **問2** 下線部(a)について述べた文として最も適当なものを，一つ選べ。

（ア） 第1次五カ年計画の目的は，重工業化による社会主義の建設であった。

（イ） 第2次五カ年計画を経てアメリカ合衆国につぐ工業大国になったが，経済面では，社会資本主義体制をとった。

（ウ） 領土拡大を望むソ連は，沖縄に侵攻した。

（エ） 1939年，ヨーロッパ東部ではドイツ軍がポーランドに侵攻したが，ポーランドはソ連と条約を結んで，ともにドイツと戦った。

□ **問3** 下線部(b)の国の歴史について述べた文として最も適当なものを，一つ選べ。

（ア） 18世紀のドイツでは，「疾風怒濤」と呼ばれる文学の革新運動が起こった。

（イ） ヴェルサイユ条約で，ドイツはラインラントの武装化を認められた。

（ウ） ビスマルクは，レンテンマルクを発行した。

（エ） ナチ党は，ユダヤ人を取り込んで勢力拡大をはかった。

□ **問4** 下線部(c)について述べた文として最も適当なものを，一つ選べ。

（ア） トルーマン・アデナウアー・毛沢東が，日本の領土の戦後処理を話し合った。

（イ） ローズヴェルト・チャーチル・蔣介石が，日本の領土の戦後処理を話し合った。

（ウ） 東欧の戦後処理を主要議題とした。

（エ） アフリカの戦後処理を主要議題とした。

□ **問5** 下線部(d)の参加国の組合せとして最も適当なものを，一つ選べ。

（ア） アメリカ・イギリス・ソ連　　　（イ） アメリカ・イギリス・中国

（ウ） アメリカ・ソ連・中国　　　　（エ） イギリス・ソ連・中国

□ **問6** 下線部(e)に関連して，第二次世界大戦後の世界について述べた文として最も適当なものを，一つ選べ。

（ア） ルーマニアは，ソ連と距離をおいて自由経済による工業化を進めた。

（イ） アメリカ合衆国は，マーシャル・プランを発表した。

（ウ） トルーマン・ドクトリンにより，中華民国の拡大を牽制した。

（エ） イタリアでは，国民投票の結果，王政が復活した。

27 戦後世界秩序の形成

1 次の文章を読み，あとの問い(問1〜6)に答えよ。 （神戸女子大）

　第二次世界大戦の終了とともに，アジア各地で独立運動が本格化し，米ソ両
国間の「冷たい戦争」と呼ばれる対立がこれと複雑に絡み合うことになった。
ベトナムでも独立戦争が展開され，(1)1954年に旧宗主国であったフランスの軍
事拠点を攻略した。しかし，これは新たな対立の始まりであり，後に(2)ベトナ
ム戦争として「冷たい戦争」を象徴する本格的な戦いに発展する。インドネシ
アは1945年に独立宣言を発表したが，かつてこの地域を植民地としていた
[**3**]との対立が続き，ハーグ協定で独立が承認された。インドでは，ヒン
ドゥー・イスラーム両教徒の融和を求めていたガンディーが暗殺され，(4)南ア
ジア全体の統一はならなかった。西南アジアでは，(5)パレスチナ問題がイスラ
エルの建国とともに本格的な対立を生み，中東戦争が繰り返されることになる。
ここでも「冷たい戦争」の対立が持ち込まれ，第2次中東戦争での[**6**]の
スエズ運河国有化は，ソ連のエジプト支援声明などで実現した。

☐ **問1** 下線部**(1)**に関連して述べた文として誤っているものを，次の①〜④のう
　　ちから一つ選べ。

　　① このときのフランス軍の拠点は，ディエンビエンフーである。

　　② この休戦協定は，ジュネーヴで調印された。

　　③ このときの軍事境界線は，北緯17度線である。

　　④ この休戦協定を無視して，南にベトナム国が成立した。

☐ **問2** 下線部**(2)**に関連して，この戦争は1965年に起こったが，この年に独立し
　　た東南アジアの国として正しいものを，次の①〜④のうちから一つ選べ。

　　① シンガポール　　② マラヤ連邦　　③ ラオス　　④ カンボジア

☐ **問3** 空欄[**3**]に入る語句として正しいものを，次の①〜④のうちから一
　　つ選べ。

　　① スペイン　　② イギリス　　③ オランダ　　④ フランス

☐ **問4** 下線部**(4)**に関連して述べた文として誤っているものを，次の①〜④のう
　　ちから一つ選べ。

　　① 全インド＝ムスリム連盟は，パキスタンの分離独立を主張した。

② ジンナーは，インド共和国独立の中心的指導者であった。

③ インドとパキスタンは，カシミール帰属問題で争っている。

④ スリランカは，イギリス連邦内の自治領として独立した。

□ **問5** 下線部**(5)**に関連して，パレスチナ解放機構の指導者として正しい者を，次の①～④のうちから一人選べ。

① ドプチェク　② ワレサ　③ ラビン　④ アラファト

□ **問6** 空欄[**6**]に入る人物として正しい者を，次の①～④のうちから一人選べ。

① ナセル　② サダト　③ ムバラク　④ ナギブ

2 **次の文章を読んで，あとの問いに答えよ。** （大阪経済大）

　第二次大戦後，朝鮮半島では 1948 年に，[　**ア**　]を大統領とする大韓民国（韓国）と[　**イ**　]を首相とする朝鮮民主主義人民共和国（北朝鮮）が成立した。中国大陸では国民党と共産党の内戦で共産党が勝利し，1949 年，毛沢東を主席，[　**ウ**　]を首相とする中華人民共和国が成立した。1950 年代に毛沢東の指示により進められた「大躍進」運動は，生産の急激な減少など大きな犠牲を出して失敗し，1959 年には[　**エ**　]が毛沢東にかわって国家主席となった。この後，毛沢東は 1966 年に(オ)プロレタリア文化大革命を起こした。

□ **問1** 空欄[　**ア**　]にあてはまる最も適切なものを以下から選べ。

① 李承晩　② 金大中　③ 朴正熙　④ 安重根

□ **問2** 空欄[　**イ**　]にあてはまる最も適切なものを以下から選べ。

① 金正日　② 金玉均　③ 金日成　④ 金泳三

□ **問3** 空欄[　**ウ**　]にあてはまる最も適切なものを以下から選べ。

① 江青　② 鄧小平　③ 周恩来　④ 李登輝

□ **問4** 空欄[　**エ**　]にあてはまる最も適切なものを以下から選べ。

① 劉少奇　② 趙紫陽　③ 華国鋒　④ 林彪

□ **問5** 下線部(オ)に関する説明として，最も適切なものを以下から選べ。

① 李大釗がマルクス主義の研究を始めた。

② 江沢民が中華ソヴィエト共和国臨時政府の主席になった。

③ 「四人組」が長征を実施した。　④ 紅衛兵が組織された。

28 第三世界の台頭

1 次の文章を読み，あとの問いに答えよ。 （東洋大）

　第二次世界大戦後のアジア・アフリカ諸国では，東西両陣営の対立にくみせ
ず，第三勢力を形成しようという動きがみられた。1954年には，中国の[　A　]
首相とインドの[　B　]首相が会談し，(a)平和五原則を発表した。翌年にはア
ジア＝アフリカ会議が[　C　]で開催され，平和十原則が採択された。

　エジプトでは1952年に[　D　]が革命を起こして王政を倒し，翌年には共和
国を樹立した。1956年にはこの国の大統領に[　E　]が就任し，積極的中立政
策をとなえて社会主義国に接近した。しかし，こうした外交姿勢はイギリスや
アメリカ合衆国の反発を招き，[　E　]がスエズ運河の国有化を宣言したこと
をきっかけに，スエズ戦争（第2次中東戦争）が勃発した。

問1　空欄[　A　]～[　E　]に入る語句として正しいものを，次のうちから
　　一つずつ選べ。

□　[　A　]　① 周恩来　② 鄧小平　③ 毛沢東　④ 劉少奇　⑤ 林彪

□　[　B　]　① ガンディー　　② ジンナー　　③ スカルノ
　　　　　　④ スハルト　　　⑤ ネルー（ネール）

□　[　C　]　① カルカッタ　　② ゴア　　③ シンガポール
　　　　　　④ バンコク　　　⑤ バンドン

□　[　D　]　① 国民会議派　　② 自由将校団
　　　　　　③ 赤色クメール（クメール＝ルージュ）
　　　　　　④ タキン党　　　⑤ ワフド党

□　[　E　]　① カセム　　② サダト　　③ ナギブ
　　　　　　④ ナセル　　⑤ ムバラク

□ **問2**　下線部(a)について，平和五原則に含まれる原則として誤っているものを，
　　次のうちから一つ選べ。
　　① 領土保全と主権の尊重　　② 集団防衛の排除　　③ 相互不侵略
　　④ 内政不干渉　　　　　　　⑤ 平等と互恵

2 20世紀の中国に関する次の年表を参照しながら，あとの問い（問1〜3）に答えなさい。

（同志社女子大）

年表

年　代	出　来　事
1949年	中華人民共和国成立
1950年	中ソ友好同盟相互援助条約調印
1954年	平和五原則発表
1958年	第2次五カ年計画開始
1959年	［　ア　］反乱，中印国境紛争（〜62年）
1963年	中ソ対立激化
1966年	プロレタリア文化大革命開始
1972年	［　イ　］訪中
1977年	(a)鄧小平復活
1978年	日中平和友好条約調印
1989年	(b)天安門事件

□ **問1**　年表中の空欄［　ア　］・［　イ　］に入れる語の組合せとして正しいものを，次の①〜④の中から一つ選びなさい。

① **ア**－チベット　　**イ**－ニクソン

② **ア**－チベット　　**イ**－ゴルバチョフ

③ **ア**－ウイグル　　**イ**－ニクソン

④ **ア**－ウイグル　　**イ**－ゴルバチョフ

□ **問2**　下線部(a)の人物が行った経済改革に関する説明として正しいものを，次の①〜④の中から一つ選びなさい。

① 「所得倍増」計画を提唱した。

② 「ドイモイ」（刷新）政策を推進した。

③ 世界貿易機関（WTO）に加盟した。

④ 「四つの現代化」を推進した。

□ **問3**　下線部(b)の事件により解任された中国共産党総書記の後任となり，1993年に国家主席に就任した人物を，次の①〜④の中から一つ選びなさい。

① 温家宝　　② 江沢民　　③ 胡錦濤　　④ 習近平

29 こんにちの世界

1 ヨーロッパ統合史に関する次の文章を読み，設問に記号で答えよ。

（大妻女子大）

　現在のヨーロッパ連合(EU)につながる地域統合の出発点には，ヨーロッパに
甚大な戦禍をもたらした二度の世界大戦の経験がある。第一次世界大戦の結果，
中央ヨーロッパを支配していたドイツ，ロシア，[　**1**　]の三帝国が崩壊し，
帝国の支配下にあった(1)諸民族が独立を達成した。ところが，それは半面で新
たな民族問題や国家間の対立を生み，国際関係を不安定化させる要因になった。
一方，ロシアでは大戦中，[　**2**　]らが率いる1917年の十一月革命(ロシア暦
十月革命)でソヴィエト政権が発足して，やがてソヴィエト社会主義共和国連邦
(ソ連)が生まれ，大西洋の向こうに位置するアメリカは，戦争を通じて世界最
大の債権国になった。こうした国際環境の大きな変化を背景に，両大国に挟ま
れたヨーロッパでは(2)「西洋の没落」の自覚と，オーストリアの政治活動家，
(3)クーデンホーヴェ＝カレルギーにみられる地域統合の必要を説く思想が生ま
れた。

　しかし，ヨーロッパは再び破滅的な第二次世界大戦を経験し，結果として，
米ソ両大国の影響のもとで，いわゆる[　**3**　]によって東西に分断されること
になった。こうした情勢の中で1950年，国家間の争いの原因を取り除き地域統
合を目指すため，フランス外相の[　**4**　]が石炭・鉄鋼業の共同管理を提案し，
これが[　**5**　]の6カ国が参加する1952年の[　**6**　]の発足につながった。さ
らに，この経験をもとに域内の共同市場化と共通経済政策の推進を目指すヨー
ロッパ経済共同体(EEC)とヨーロッパ原子力共同体(EURATOM)が発足し，
1967年にはこれら3組織を統合してヨーロッパ共同体(EC)が誕生した。

　もっとも，ソ連の影響圏にあった東欧諸国は，経済面では[　**7**　]に，軍事
面では[　**8**　]に組み込まれており，東西冷戦時代のヨーロッパ統合は，西側
諸国だけの枠組みで進んだ。しかし，1989年から1991年にかけて，東欧諸国
で共産党一党体制が崩壊し，東西両ドイツが再統一，次いでソ連が解体すると，
ヨーロッパ統合に新たな弾みがつくことになった。EC加盟国は1992年，経
済・通貨統合だけでなく外交・安全保障など政治分野での協力推進も定めた

［　9　］条約に調印し，EU の結成にたどり着いた。冷戦の終わりを受け，1990
年代には中立国のオーストリア，フィンランド，［　10　］が，そして 21 世紀に
入るとポーランド，ハンガリーなどの東欧諸国も相次いで加盟した。

□ 問1　空欄［　1　］にあてはまる国名を次の**ア〜オ**のうちから一つ選べ。

　　　ア．スペイン　　**イ**．オーストリア＝ハンガリー　　**ウ**．プロイセン

　　　エ．オランダ　　**オ**．スウェーデン

□ 問2　下線部(1)の<u>諸民族が独立を達成した</u>とは，どんな国を指すか。次の**ア〜
　　オ**のうちから該当しない国名を一つ選べ。

　　　ア．ポーランド　　**イ**．チェコスロヴァキア　　**ウ**．ブルガリア

　　　エ．ハンガリー　　**オ**．エストニア

□ 問3　空欄［　2　］にあてはまる人物名を次の**ア〜オ**のうちから一つ選べ。

　　　ア．ローザ＝ルクセンブルク　　**イ**．ケレンスキー　　**ウ**．バクーニン

　　　エ．ストルイピン　　**オ**．レーニン

□ 問4　下線部(2)の<u>「西洋の没落」</u>という題名の著書を発表し，同時代の人々に
　　衝撃を与えた思想家名を次の**ア〜オ**のうちから一つ選べ。

　　　ア．ニーチェ　　**イ**．シュペングラー　　**ウ**．レマルク

　　　エ．ヘーゲル　　**オ**．ヴァーグナー

□ 問5　下線部(3)の<u>クーデンホーヴェ＝カレルギー</u>が打ち出した提案を次の**ア〜
　　オ**のうちから一つ選べ。

　　　ア．マーシャル＝プラン　　**イ**．不戦条約（ブリアン・ケロッグ条約）

　　　ウ．独ソ不可侵条約　　**エ**．シューマン＝プラン

　　　オ．「パン＝ヨーロッパ」構想

□ 問6　空欄［　3　］にあてはまる語句を次の**ア〜オ**のうちから一つ選べ。

　　　ア．鉄のカーテン　　**イ**．軍事境界線　　**ウ**．カーゾン線

　　　エ．休戦ライン　　**オ**．マジノ線

□ 問7　空欄［　4　］にあてはまる人物名を次の**ア〜オ**のうちから一つ選べ。

　　　ア．ブリアン　　**イ**．ド＝ゴール　　**ウ**．シューマン

　　　エ．マーシャル　　**オ**．ポワンカレ

□ 問8　空欄［　5　］にあてはまる国名の組み合わせを次の**ア〜オ**のうちから一
　　つ選べ。

ア. フランス・イギリス・イタリア・スペイン・デンマーク・スウェーデン

イ. フランス・西ドイツ・イギリス・ベルギー・オランダ・ルクセンブルク

ウ. フランス・イギリス・イタリア・オランダ・デンマーク・ギリシャ

エ. フランス・西ドイツ・東ドイツ・イギリス・イタリア・スペイン

オ. フランス・西ドイツ・イタリア・ベルギー・オランダ・ルクセンブルク

□ **問9** 空欄[**6**]にあてはまる組織名を次の**ア〜オ**のうちから一つ選べ。

ア. ヨーロッパ石炭鉄鋼組合 　　**イ.** ヨーロッパ石炭鉄鋼機構

ウ. ヨーロッパ石炭鉄鋼機関 　　**エ.** ヨーロッパ石炭鉄鋼共同体

オ. ヨーロッパ石炭鉄鋼管理組合

□ **問10** 空欄[**7**]と[**8**]の組織名の組み合わせとして，正しいものを次の**ア〜オ**のうちから一つ選べ。

ア. ヨーロッパ経済協力機構(OEEC)－ヨーロッパ原子力共同体(EURATOM)

イ. 経済相互援助会議(コメコン)－ワルシャワ条約機構

ウ. ヨーロッパ経済協力機構(OEEC)－北大西洋条約機構(NATO)

エ. 経済相互援助会議(コメコン)－全欧安全保障協力機構(OSCE)

オ. 経済協力開発機構(OECD)－全欧安全保障協力会議(CSCE)

□ **問11** 空欄[**9**]にあてはまる名称を次の**ア〜オ**のうちから一つ選べ。

ア. リスボン 　　**イ.** ルクセンブルク 　　**ウ.** パリ

エ. マーストリヒト 　　**オ.** ブリュッセル

□ **問12** 空欄[**10**]にあてはまる国名を次の**ア〜オ**のうちから一つ選べ。

ア. ノルウェー 　　**イ.** リトアニア 　　**ウ.** アイスランド

エ. スウェーデン 　　**オ.** スイス

---

2 次の文章(1)・(2)を読んで，あとの問いに答えよ。　　　　　　　(大阪経済大)

(1) 　(ア)1976年は中国にとって激動の1年であった。1月に(イ)周恩来が，9月には(ウ)毛沢東が亡くなり，10月には文化大革命を主導した(エ)「四人組」が逮捕された。「四人組」が打倒された後，鄧小平を中心に改革・開放政策が推し進められた。鄧小平は1997年に亡くなった。その2年後の1999年，マカオが[　**オ**　]から中国に返還された。

□ **問1** 下線部(**ア**)に関し，これよりも後に起こった出来事として最も適切なものを以下から選べ。

① 国連総会で中華人民共和国の代表権が決議された。

② 中ソ友好同盟相互援助条約が結ばれた。

③ 日本と中華人民共和国との国交が正常化された。

④ 中華人民共和国が韓国と国交を結んだ。

□ **問2** 下線部(**イ**)に関し，この人物が行った事がらとして最も適切なものを以下から選べ。

① 満州国の執政を務めた。

② 中華人民共和国の初代首相を務めた。

③ 『阿Q正伝』を著した。

④ イギリスとの間で香港返還協定に調印した。

□ **問3** 下線部(**ウ**)に関し，この人物が行った事がらとして最も適切なものを以下から選べ。

① カイロ会談でチャーチルと討議した。

② 延安で中国同盟会を結成した。

③ 中華ソヴィエト共和国臨時政府の主席を務めた。

④ 文化大革命が始まると，紅衛兵を動員して「実権派」(「走資派」)を積極的に支援した。

□ **問4** 下線部(**エ**)に関し，「四人組」に含まれる人物として最も適切なものを以下から選べ。

① 温家宝 ② 林彪 ③ 華国鋒 ④ 江青

□ **問5** 空欄[**オ**]にあてはまる最も適切なものを以下から選べ。

① ポルトガル ② スペイン ③ イタリア ④ フランス

(2) 1950年に始まった朝鮮戦争は1953年に休戦が成立し，南北朝鮮の分断が北緯[**カ**]度線をはさんで固定化した。大韓民国(韓国)では，1960年代に軍人の[**キ**]がクーデタによって権力を握ったが，1979年に暗殺された。その後，1980年に[**ク**]でおきた反政府民主化運動を弾圧した軍部を基盤として，(ケ)軍人出身の大統領が続いたが，1992年末の選挙で非軍人の[**コ**]が大統領となり，文民統治の定着につとめた。

□ **問6** 空欄［ **カ** ］にあてはまる最も適切なものを以下から選べ。

① 18 ② 28 ③ 38 ④ 48

□ **問7** 空欄［ **キ** ］にあてはまる最も適切なものを以下から選べ。

① 張勉 ② 朴正熙 ③ 李承晩 ④ 盧泰愚

□ **問8** 空欄［ **ク** ］にあてはまる最も適切なものを以下から選べ。

① 板門店 ② 釜山 ③ 光州 ④ 仁川

□ **問9** 下線部(ケ)に関し，軍人出身の大統領として最も適切なものを以下から選べ。

① 全斗煥 ② 盧武鉉 ③ 金大中 ④ 安重根

□ **問10** 空欄［ **コ** ］にあてはまる最も適切なものを以下から選べ。

① 金泳三 ② 金玉均 ③ 金正日 ④ 金日成

別冊 解答

大学入試 全レベル問題集

世界史
[世界史探究]

1 基礎レベル

新装新版

Obunsha

別 冊 目 次

1 問1 ① 問2 ④ 問3 ④ 問4 ① 問5 ② 問6 ②
問7 ④ 問8 ②
2 問1 ③ 問2 ① 問3 ② 問4 ④ 問5 ④ 問6 ④
問7 ② 問8 ① 問9 ⑤ 問10 ① 問11 ② 問12 ③
問13 ④

解説

1 問1 ①－北京原人は，**打製石器を使って狩猟・採集を行い，火**を使用したことが確認されている。③の「洞窟絵画」は新人（クロマニョン人），④の「死者の埋葬」は旧人（ネアンデルタール人）に関する文。

問2 ①「アッカド人」，③「カルデア人」も**セム語系**で，①のサルゴン1世は，前24世紀中頃にシュメール人の都市国家を征服した。③は，前7世紀後半に**新バビロニア王国**を建て，メディアとともにアッシリア帝国を滅ぼした。

問3 ①－古バビロニア王国の都は「バビロン」。②－古バビロニア王国の**アムル人**の信仰は，天地創造のマルドゥク神を主神とした「多神教」であった。③－リディア王国に関する記述である。④－**2** の問5の解説を参照。

問4 ①－ユダヤ教に関する記述。古王国時代には，太陽神ラーが信仰された。

問5 ②－テーベは，中王国・新王国の都として，また**アメン神**の宗教都市として栄えた。①－「太陰暦」は「太陽暦」が正しい。③－新王国時代に関する記述。④－「楔形文字」が誤り。ヒエログリフは，象形文字である。

問6 ②－ヒクソスは，中王国時代末期に，馬と戦車でエジプトに流入した。

問7 ④－アメンホテプ4世が，**アトン神**を唯一神とする改革を行い，テル＝エル＝アマルナに遷都した。この時代，写実的な**アマルナ美術**が発展した。

問8 ②－アラム人は，**ダマスクス**を中心に，内陸での中継貿易で栄えた。かれらの用いた**アラム語**は，国際商業の共通語として西アジア世界で使われた。また，アラム文字もアッシリアやアケメネス朝でも用いられた。①の「シドンやティルス」は，地中海交易に活躍した**フェニキア人**の海港都市で，④の「**カルタゴ**」は，フェニキア人がアフリカ北岸に築いた植民市である。

2 問1 ③－シュメール人は，絵文字を改良して**楔形文字**をつくった。

問2　シュメール人は，①の「ウルク」や**ウル・ラガシュ**などの都市国家をつ
　　くった。都市は城壁で囲まれ，中心部には**ジッグラト**(聖塔)が建てられた。

問3　②－アッカド人は，セム語系の民族。

問4　④－セム語系の**アムル人**が，前19世紀に，**バビロン**を都にバビロン第1
　　王朝(古バビロニア王国)を建てた。

問5　④－バビロン第1王朝の第6代のハンムラビ王は，征服した各地の法慣
　　習を集大成し，同害復讐を原則とする「**ハンムラビ法典**」を制定した。①－
　　「**サルゴン1世**」は，アッカド人の王。②－「**ファラオ**」は，古代エジプトの
　　王の称号で，太陽神ラーの子と崇められた。③－**アマルナ美術**は，古代エジ
　　プトの新王国時代のアメンホテプ4世の時代に都とされたテル＝エル＝アマ
　　ルナを中心に発展した芸術様式。

問6　④－セム語系の**アッシリア王国**は，ティグリス川中流域から起こり，前
　　15世紀頃，ミタンニ王国に服属していたが，前9世紀頃から，鉄製の武器と
　　戦車を用いて強大化し，前7世紀前半にオリエントの大半を統一した。

問7　②－「**バクトリア**」は，前3世紀半ば，中央アジアに移住していたギリシ
　　ア人が，セレウコス朝から自立して建てた国。

問8　①－前6世紀半ばに，**アケメネス朝**を起こしたキュロス2世は，メディ
　　ア・リディア・新バビロニアを相次いで滅ぼした。

問9　③－アケメネス朝のダレイオス1世は，全土においた各州に，**サトラッ
　　プ**(知事)を任命し，監察官の「**王の目・王の耳**」を派遣した。

問10　①－前3世紀半ば，イラン系遊牧民の族長アルサケスが，セレウコス朝
　　から独立してパルティアを建国した。中国では「**安息**」と呼ばれた。

問11　②－3世紀前半に，パルティアを滅ぼして**ササン朝**を建てたアルダ(デ)
　　シール1世は，ティグリス川中流域のクテシフォンを都とした。

問12　③－ササン朝のシャープール1世は，3世紀半ば，ローマの軍人皇帝ウァ
　　レリアヌスを，エデッサの戦いで捕虜とした。①－「**ネブカドネザル2世**」は，
　　新バビロニア王国の王で，**ユダ王国**を滅ぼし，前586年にその住民の多くを
　　バビロンに強制移住させた(**バビロン捕囚**)。

問13　④－ゾロアスター教は，ササン朝で国教とされ，教典『**アヴェスター**』
　　が編纂された。①－**問2**の解説を参照。②－ユダヤ教に関する記述である。

1 問1 ④ 問2 ① 問3 ③ 問4 ④ 問5 ②

2 問1 A ① B ③ C ③ 問2 ①・③・④

　　問3 ③ 問4 ②

3 問1 1 ㋔ 2 ㋪ 3 ㋒ 問2 (a) ㋔ (b) ㋪

解説 **1** 問1 **ア**－マケドニア王の**フィリッポス2世**は軍制改革を進め、「**カイロネイアの戦い**」でアテネ・テーベ連合軍を破った。「**イッソスの戦い**」は、前333年に**アレクサンドロス大王**が、アケメネス朝の**ダレイオス3世**が率いるペルシア軍を破った戦い。**イ**－「**ディアドコイ**」戦争によって、**プトレマイオス朝**エジプト・**セレウコス朝**シリア・**アンティゴノス朝**マケドニアが分立した。「**ディクタトル**」は古代ローマで非常時におかれた独裁官。

問2 ①－「**シュリーマン**」は、ギリシア本土のミケーネ・ティリンスなどを発掘した。②－「**シャンポリオン**」は、古代エジプトの神聖文字を解読した。③－「**エヴァンズ**」は、クレタ文明の**クノッソス宮殿**を発掘した。④－「**ヴェントリス**」は、ミケーネ文明期に使われた線文字Bを解読した。

問3 ㋐－「**ペイシストラトス**」は、前6世紀半ばに**僭主政治**を確立した。㋑－ソロンの**財産政治**は、前6世紀初め。㋒－クレイステネスの改革は、前6世紀末である。「まとめて覚える！」を参照。

問4 ④－「**トゥキディデス**」は、ペロポネソス戦争史を厳密な史料批判に基づいて記述した。①－「**ヘラクレイトス**」は、「万物は流転する」と唱えた。②－『**神統記**』は、ヘシオドスの著した叙事詩。③－「**プロタゴラス**」は代表的な**ソフィスト**。『国家』を著したのは、プラトンである。

問5 ②－「**アリスタルコス**」が、地球の公転と自転、太陽中心説を主張した。①－「**エラトステネス**」は地球の円周を測定した。③－「**アルキメデス**」は浮体の原理やてこの原理などの諸原理を発見した。④－「**プトレマイオス**」は、ローマ時代の天文学者で地球中心の天動説を唱えた。

2 問1 **A**－ポリスの中心部は①「**アクロポリス**」で、その麓の**アゴラ**（広場）が政治の中心となった。**B**－ギリシア人が建設した植民市のうちビザン

ティオン（現イスタンブル）は，③「黒海」の出入口のボスフォラス海峡に面している。**C**－③「フェニキア文字」を改良したギリシア文字がつくられた。

問2　②－ギリシア人の宗教では，特権的な「神官」は存在せず，⑤特定の教典もなく，**オリンポス12神**を中心とするギリシア神話が残された。

問3　③－「ネアポリス」が，ナポリのギリシア時代の呼び名。

問4　ギリシアの自然哲学は，万物の根源を水と考えた②の「**タレス**」に始まり，万物の根源を数とした③のピタゴラスらを経て，**デモクリトス**は原子論を主張した。

3　**問1**　**1**－⑫「ヘロドトス」は，シリア・エジプトなど各地を旅行し，ペルシア戦争を題材に，物語風に『歴史』を著した。**2**－前5世紀後半，㋐「ペリクレス」は，成年男性市民が参加する民会を中心に，「ほとんどの公職は籤で選ばれる」など直接民主政治を実現した。**3**－㋒「トゥキディデス」は，**デロス同盟**の盟主アテネとペロポネソス同盟の盟主スパルタとが衝突した**ペロポネソス戦争**を，徹底した史料批判をもとに『歴史』としてまとめた。

問2　**(a)**－⑫が誤り。「テルモピレーの戦い」は，第3回**ペルシア戦争**で，前480年，レオニダスが率いるスパルタ軍が，ペルシア軍の攻撃により全滅した戦い。「プラタイア（イ）の戦い」が正しい。

(b)－㋐が誤り。スパルタは「マケドニア」ではなく，「ペルシア」の支援を受けた。ギリシアの覇権を握った**スパルタ**も，貨幣経済の導入によって鎖国体制が崩れ，テーベに敗れた。前4世紀には，ポリス間の抗争が激化した。

🔺 まとめて覚える！ ／／ アテネの政治変遷

1) **ソロンの改革**：債務の帳消し。債務奴隷の禁止。**財産政治**

2) **ペイシストラトス**：**僭主政治**。中小農民の保護

3) **クレイステネス**：**陶片追放（オストラキスモス）**。部族制度の改革

4) **ペリクレス**：市民権法→両親ともアテネ出身者の男性が市民

　　　　　　民会（成年男性市民が参加）による直接民主政治→

　　　　　　女性・奴隷の参政権は認めず

1 問1

1	2	3	4	5	6	7	8	9	10
⑭	⑪	⑥	⑬	①	⑨	⑤	⑧	④	②

問2　(A) ④　(B) ③　(C) ②　(D) ⑤　(E) ①

問3　四帝分治制（四分統治制）　問4　コンスタンティノープル

問5　専制君主政（ドミナトゥス）

問6　①　オドアケル　②　メフメト2世

2 問1　1　(エ)　2　(ア)　3　(ウ)　4　(イ)　5　(イ)　問2　(ア)

問3　(エ)　問4　(ウ)　問5　(エ)

3 問1　1　(イ)　2　(ア)　問2　(ア)　問3　(イ)

解説

1 問1　**1**－第2回**ポエニ戦争**で，カルタゴの将軍⑭「ハンニバル」は，前216年のカンネーの戦いでローマ軍に打撃を与えた。**2**－ハンニバルは前202年にカルタゴ郊外の**ザマの戦い**で，⑪「スキピオ」の率いるローマ軍に大敗した。**3・4**－第2回**三頭政治**に加わった⑥「オクタウ（ヴ）ィアヌス」は，⑬「アントニウス」と対立し，前31年，**アクティウムの海戦**に勝利した。**5**－ガリアに遠征したのは①「カエサル」。その記録が『**ガリア戦記**』である。**6**－ローマ最大領域を現出したのは，**五賢帝**のひとり⑨「トラヤヌス」である。**7**－⑤「ハドリアヌス」はブリタニアにハドリアヌスの壁（長城）を築いた。**8**－帝国の「**四帝分治制**」を行った⑧「ディオクレティアヌス」は，「**専制君主政（ドミナトゥス）**」を開始し，皇帝崇拝を拒否するキリスト教徒を迫害した。**9**－④「コンスタンティヌス」は首都を「**コンスタンティノープル**」に移し，313年には**ミラノ勅令**によってキリスト教を公認した。**10**－②「テオドシウス」の死後，395年にローマ帝国は東西に分裂した。

問2　(A)「ガリア」は，ほぼ現在のフランスにあたり，(B)「ヒスパニア」は現在のイベリア半島，(C)「ダキア」は現在のルーマニア，(D)「ゲルマニア」はライン川とドナウ川以北のゲルマン人が生活する地域。(E)「ブリタニア」はブリテン島をさし，ケルト人が居住していた。

問3〜問5　問1の**8・9**の解説を参照。

問6　①－西ローマ帝国は，476年ゲルマン人傭兵隊長「オドアケル」によっ

て滅ぼされた。②-ビザンツ帝国は，1453年オスマン帝国の「メフメト2世」に攻略され，首都コンスタンティノープルが占領されて滅亡した。

2 問1　**1**-(エ)**オクタウィアヌス**は，「プリンケプス(市民の第一人者)」を自称して**元首政**(プリンキパトゥス)を開始したが，事実上は皇帝独裁であった。**2**-(ア)212年，「**カラカラ帝**」は，アントニヌス勅令を発布して，ローマ市民権を帝国領内の全自由民に付与した。**3**-(ウ)「**395年**」，**テオドシウス帝**の死後，ローマ帝国は東西に2分された。**4**-(イ)迫害を逃れるキリスト教徒は，「**カタコンベ**」を礼拝所とした。**5**-(イ)「**アウグスティヌス**」は，ローマ末期の**教父**で，『**神の国**』や『**告白録**』を著した。

問2　(ア)-五賢帝のひとり「**トラヤヌス帝**」の時代にダキア(ほぼ現在のルーマニア)を属州とするなど，領土は最大に達した。

問3　(エ)-3世紀，各地の軍団が皇帝を擁立して争う軍人皇帝時代となった。

問4　(ウ)-**ディオクレティアヌス帝**は，2人の**正帝**と2人の**副帝**による**四帝分治制**を採用し，**専制君主政**(ドミナトゥス)を開始した。(ア)-「**聖像禁止令**」はビザンツ皇帝レオン3世が，726年に発布した。(イ)-『**自省録**』は，五賢帝最後の**マルクス・アウレリウス・アントニヌス帝**が著した。

問5　(エ)-「**ホルテンシウス法**」は，共和政期の前287年に制定された。

3 問1　**1**-(イ)「**エトルリア人**」は，イタリア中西部の先住民で，ラテン人の都市国家ローマを支配した。**2**-(ア)共和政ローマの政治は貴族(パトリキ)が主導し，公職を経験した貴族で構成された「**元老院**」が，最高決定機関であった。

問2　(ア)-前5世紀に，平民の利益を守る「**護民官**」と**平民会**が設けられ，同世紀半ばには，慣習法を成文化した**十二表法**も制定された。

問3　(イ)-十二表法の制定以後，前367年に**リキニウス・セクスティウス法**が制定されて公有地の所有制限や2名のコンスル(執政官)のうち1名を平民から選出することを定めた。前287年，**ホルテンシウス法**によって平民会の決議が，元老院の承認がなくても国法として認められるようになった。

1 ① ヴァルダナ朝 ② クシャーナ朝 ③ グプタ朝

④ サータヴァーハナ朝(アーンドラ王国) ⑤ チョーラ朝

⑥ マウリヤ朝 あ ハルシャ＝ヴァルダナ い カニシカ

う チャンドラグプタ2世 え アショーカ

2 問1 ⑤ 問2 ③ 問3 ①

3 問1 ② 問2 ③ 問3 ④ 問4 ④

4 問1 アステカ 問2 1 (エ) 2 (イ) 3 (ウ) 4 (エ) 5 (ア)

問3 (ウ) 問4 (イ) 問5 (エ) 問6 (イ)

解説 **1** ①－グプタ朝衰亡後，小国分立が続いた北インドでは，ハルシャ＝ヴァルダナが7世紀初めに「ヴァルダナ朝」を起こしてその大部分を統一した。②－「クシャーナ朝」は，大月氏から自立したイラン系クシャーン人が建てた王朝で，都のプルシャプラ(現ペシャワール)を中心に，ヘレニズム文化の影響を受けたガンダーラ美術が発展した。③－「グプタ朝」は，チャンドラグプタ1世が建て，パータリプトラを都とした。この時代，ヒンドゥー教が確立し『マハーバーラタ』や『ラーマーヤナ』の二大叙事詩がまとめられ，『マヌ法典』が編纂された。④－「サータヴァーハナ朝」は，インド洋の季節風を利用した海上交易で栄えた。⑤－前3世紀頃，インド南端部にタミル人が建てた「チョーラ朝」は，11世紀にはスマトラのシュリーヴィジャヤやマラッカ海峡にまで進出した。⑥－前4世紀末，マガダ国の武将チャンドラグプタが「マウリヤ朝」を建て，パータリプトラを都とした。

2 問1 ⑤－「前1000年頃」が誤り。ウパニシャッド(奥義書)文献が編纂されたのは，前7～前4世紀頃とされている。

問2 ③－「出家者がきびしい修行により自身の救済を求める」は，上座部仏教の理念。菩薩信仰は衆生の救済を求める大乗仏教の中心思想。

問3 ①－「細密画」は，ミニアチュールともいい，写本などの挿絵や装飾として描かれた絵画で，中世ヨーロッパやイスラーム世界で発展した。

3 問1 「ドンソン文化」は，中国の青銅器の影響を受けて，②の「ヴェトナ
ム北部」から中国南部の雲南省を中心に発展した。特有の青銅製の**銅鼓**は，
東南アジア各地から出土している。

問2 ③－「**扶南**」は，1世紀頃メコン川下流域に成立し，外港オケオの遺跡か
らは，ローマ金貨や漢代の鏡などが出土している。①－「**チャンパー**」は，2世
紀末にベトナム中部沿岸にチャム人が建てた国で，中国では**林邑**と呼ばれた。

問3 **真臘**は，④の「**クメール人**」の建てた国。①－「**モン人**」は，チャオプラ
ヤ川流域に**ドヴァーラヴァティー王国**を建て，③－「**ピュー人**」は，イラワ
ディ川流域に活動した民族で，ともに上座部仏教を受容した。

問4 **シュリーヴィジャヤやシャイレンドラ朝**では，大乗仏教が信仰され，シャ
イレンドラ朝のもとでは，仏教寺院**ボロブドゥール**が造営された。10世紀前
半から，④の「**ヒンドゥー教**」をはじめ，インド文化が波及し，ジャワ島で
は**ワヤン**（影絵芝居）など，独自のジャワ文化が開花した。

4 問1 「アステカ」人は，12世紀中頃メキシコ高原に進出した。

問2 1－(エ)「オルメカ」文明は，聖獣ジャガーの信仰が特徴。(イ)の「**テオティ
ワカン**」文明は，前1世紀頃からメキシコ高原に発展した。2－(ア)「テノチ
ティトラン」は，**アステカ王国**の首都。(ウ)の「チャンチャン」は，インカ帝
国に征服される以前，ペルー北部に栄えたチムー王国の首都。3・4・5－
「コンキスタドール」は，16世紀のスペインの征服者をさし，**インカ帝国**を
滅ぼした「ピサロ」や，**アステカ王国**を滅ぼした「コルテス」が有名である。

問3 (ウ)－小麦は，西アジア原産で，前7000年頃から栽培されていた。

問4 (ア)－**マヤ文明**では，「二十進法」による数学が発展していた。(ウ)－ナスカ
は，ペルー南部海岸に1〜8世紀頃栄えた文明で，巨大な地上絵で有名。
(エ)－**マチュ＝ピチュ**は，インカ帝国の都市遺跡。

問5 (エ)－インカ帝国は，コロンビアからチリにいたる広大な領域を支配した。
その領域は，アルゼンチンにまでは達していない。

問6 メソアメリカ文明やアンデス文明では，**トウモロコシ**と**ジャガイモ**の栽
培を基盤とする農耕が確立されたが，牛・馬・鉄器・車輪は用いられなかっ
た。

5 ▶ 中国の古典文明～秦・漢

問題：本冊 p.26

1	問1	d	問2	b	問3	d	問4	b	問5	c	問6	a
2	問1	ウ	問2	ア	問3	ア	問4	エ	問5	ア	問6	エ
	問7	エ	問8	ア	問9	イ	問10	イ				

解説

1 問1　d－月氏は，モンゴル高原の西部で活躍した遊牧民で，前2世紀前半に匈奴に追われ，アム川とシル川にはさまれたソグディアナ方面に移住して「大月氏」を建国した。武帝は，大月氏と協力して匈奴を挟撃しようと張騫を派遣したが，同盟には失敗した。**a**－「安息」は，パルティアの中国での呼称。**b**－「吐蕃」は，7世紀初めにソンツェン＝ガンポによって建てられたチベットの王国。**c**－「南詔」は，唐代に雲南地方に成立したチベット＝ビルマ系の王国である。

問2　b－「衛氏朝鮮」は，前2世紀初頭，戦国時代の燕の系譜を引くとされる衛満が朝鮮北部に建てた国。前108年，武帝は衛氏朝鮮を滅ぼし，楽浪・真番・臨屯・玄菟の朝鮮4郡をおいた。

問3　d－「南越」は，秦末の混乱に乗じて成立し，広東からベトナム北部を支配した。前2世紀末，南越を滅ぼした武帝は，南海郡や日南郡などをおいた。**a**－「大越国」は，ベトナムに成立した李朝や黎朝など諸王朝の国名。

問4　b－「劉邦」は，項羽を破って漢を創始し，長安に都をおいた。**a**－「劉備」は，三国時代の蜀の建国者。**c**の「劉裕」と**d**の「劉向」は，ほとんどの教科書では扱っていないデータ。劉裕は，南北朝時代の南朝の宋の初代皇帝。劉向は，戦国時代の縦横家らの策略を国別にまとめた，作者不明の『戦国策』を校訂した前漢の学者。

‼ まとめて覚える！ ／／ 古代中国の農民反乱・党争

☆陳勝・呉広の乱：秦末に起き，これを機に，項羽や劉邦が挙兵

☆**赤眉の乱**（18～27）：**王莽**の新を倒したが，**劉秀（光武帝）**が平定

☆党錮の禁（166・169）：後漢末の宦官による高級官僚（党人）弾圧事件

☆**黄巾の乱**（184）：**太平道**の張角が指導。後漢滅亡のきっかけ

問5　武帝死後，皇后の一族である「外戚」と，後宮に仕えた去勢された男子の宦官が実権を握り，皇帝の指導力は衰えた。外戚は，唐代にも，自ら帝位に就いた**則天武后**や玄宗の特別な愛を受けた**楊貴妃**の一族が専横をきわめた。

問6　**a**－『**漢書**』は，「**班固**」が著した前漢一代の**紀伝体**の歴史書。**b**－「**鄭玄**」は，後漢の**訓詁学者**。**c**－「**司馬遷**」は，太古から武帝までの『**史記**』を，紀伝体で著した。**d**－「**蔡倫**」は，後漢時代に**製紙法**を改良した。

---

2 問1　**ウ**－「**武王**」は**ア**の「**紂王**」を破って**殷**を滅ぼし，**周**を建国した。

!! ▶知って得する！/ 中国の王朝交替2方式

☆中国では王朝の交替を，天(神的存在)の命が革まり，天子(地上の君主)の姓が易るということから，**易姓革命**という

☆武力による王朝交替は「**放伐**」，位を平和的に譲る方式は「**禅譲**」という

問2　周では，王が一族や功績のあった家臣に領地として「**封土**」を与えて，世襲の諸侯とし，貢納と軍役の義務を負わせた**封建制度**が採用された。

問3　**ア**－「**犬戎**」は中国西北の辺境にいた異民族。**中華思想**では，周辺異民族を，文明の遅れたものとして「**東夷・西戎・南蛮・北狄**」などと呼んだ。

問4　**エ**－「**洛邑**」は，のちの**洛陽**で，後漢や西晋，北魏の都となった。

問5　**ア**－「**覇者**」は，尊王攘夷を名目に諸侯をとりまとめた有力な諸侯で，斉の桓公・晋の文公など，**春秋の五覇**が勢力の拡大を図った。

問6　**エ**－「**布銭**」は鋤など農具の形に似せた**青銅貨幣**で，おもに韓・魏・趙などで流通した。**ア**－「**蟻鼻銭**」は蟻の顔に似せた貨幣で，楚で用いられた。

問7　斉は，現在の山東省にあった国で，都は，**エ**「**臨淄**」。**ア**－「**邯鄲**」は，趙の都で，現在の河北省南部に位置する。**イ**－「**咸陽**」は，秦の都である。

問8　**ア**－『**論語**』は，儒教の経典のひとつで，孔子の思想を最もよく伝えている。**イ**－『**楚辞**』は，戦国時代の楚の屈原らの韻文が集められている。

問9　孟子は**イ**の「**性善説**」を唱えたが，荀子は**ア**の「**性悪説**」を説き，その門下から，**法家**の**韓非**や**李斯**が出た。**墨家**の墨子は，**兼愛・非攻**を唱えた。

問10　**イ**－「**荘子**」と老子は，道家の根本思想の**無為自然**を主張した。

1 問1 **あ** 拓跋氏 **い** 孝文帝 **う** 均田制 **え** 三長制

お 鳩摩羅什 **か** 寇謙之 **き** 顧愷之 **く** 王羲之

問2 イ 問3 イ・ウ・ア・エ

2 問1 ② 問2 ④ 問3 ① 問4 ④ 問5 ② 問6 ②

問7 ①

解説

1 問1 **あ**－**鮮卑**はモンゴル系(あるいはトルコ系)遊牧民で，**五胡**のひとつとして華北に侵入した。その一氏族の「**拓跋氏**」が，4世紀後半に**北魏**を建て，第3代**太武帝**は，439年に華北を統一した。**い・う・え**－北魏の第6代「**孝文帝**」は，農民に土地を配分し，租税や力役を割りあてる「**均田制**」を採用し，戸籍整理や税の徴収と治安維持を図るための「**三長制**」を施行した。さらに平城(現在の大同)から洛陽に遷都した。**お**－「**鳩摩羅什**」は，クマーラジーヴァの中国名。**か**－「**寇謙之**」は，北魏の太武帝の信頼を得，後漢の張陵が開いた**五斗米道**や張角の**太平道**，古来の神仙思想・老荘思想などをとりいれて新天師道という**道教**の教団を組織した。

問2　北魏の**孝文帝**は，中国の言語・服装など風俗・習慣の採用や九品中正(九品官人法)などの諸制度を施行し，中国同化政策を進めた。

問3　**南朝**は，東晋の武将劉裕が，禅譲によって建てた宋が最初の王朝。最後の陳は，589年に**隋**の文帝(楊堅)に滅ぼされた。南朝の都は，いずれも**建康**におかれ，貴族文化が発展した。

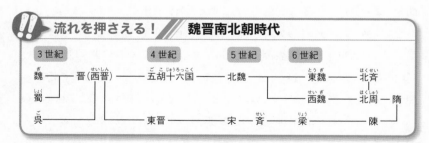

!! 流れを押さえる！ 魏晋南北朝時代

2 問1　隋末の混乱に乗じて挙兵した**李淵**が，②「**618年**」に唐を建国した。

問2　唐は，**律令**を整備し，中央官制として**三省**(**中書省**・門下省・尚書省)と

六部(吏部・戸部・礼部・兵部・刑部・工部), 御史台(監察)を設置した。科挙を行ったのは④の「礼部」で, 官吏の任免は①の「吏部」が担当した。

問3 唐は, **均田制**によって成年男性に均等な土地を与え, 公平な税役(租庸調[租調庸]制・雑徭)と①「**府兵制**」による兵役の義務を負わせた。②−「**衛所制**」は, 明の**洪武帝**が施行した兵制。③−「**八旗制**」は, 清の**ヌルハチ**が創設した軍事・行政制度。

問4 ④−「**開元の治**」は, **玄宗**の治世前半で, **則天武后**と中宗の皇后韋氏による政治的な混乱を収拾した。一方, 有力者による土地の併合が進んで均田制が崩壊し, **府兵制**に代わる**募兵制**, 辺境防衛の**都護府**に代わる**節度使**の設置などが行われた。①−「**貞観の治**」は, 唐の第2代**太宗**(李世民)の治世。②・③−教科書では扱っていないデータ。「慶暦の治」は, 北宋の仁宗の治世。「仁宣の治」は, 15世紀前半, 明の仁宗・宣宗の治世。

問5 ②−「**祆**」は「ゾロアスター教」の神, またその教えを意味する。唐では, ③の「イスラーム教」は回教, ④の「ネストリウス派キリスト教」は**景教**と呼ばれた。

問6・問7 「**安史の乱**」は, イラン系ソグド人の節度使**安禄山**と部下の**史思明**が, 「755年」に**楊貴妃**一族の専横に反発して起こした。反乱は, 節度使と**ウイグル**の援軍によって, 763年鎮圧された。乱後, 節度使が内地にもおかれ, 財政再建を図るため, 780年には各戸ごとに土地・資産に応じて, 夏と秋の2つの収穫期に徴税する「**両税法**」が施行された。

‼ ▶まとめて覚える！ // 魏晋南北朝時代の制度

1) **九品中正(九品官人法)**：魏の**文帝**が創始。**中正官**が中央に推薦した官吏任用制→「**上品に寒門なく, 下品に勢族なし**」→門閥貴族の形成

2) **占田・課田法**：晋の**武帝(司馬炎)**が実施。土地所有制限と耕作義務の割り当てによる税収確保

3) **均田法**：北魏の**孝文帝**が施行。奴婢・耕牛にも給田

4) **三長制**：均田制実施のための隣保制度

5) **府兵制**：**西魏**で始まる。均田制で土地を支給された農民から徴兵

7 イスラーム世界の形成

問題：本冊 p.30

1 A メッカ B 622 C カリフ D ササン E ハラージュ
F アリー G ムアーウィヤ H シーア I 西ゴート
J トゥール・ポワティエ間

2 ア ⒂ イ ⒀ ウ ⒇ エ ⑿ オ ⑻ カ ⑸
キ ⒅ ク ⑹

解説

1 **A**－アラビア半島西部のオアシス都市「メッカ」は，隊商交易の中心地で，この地の**カーバ神殿**には，多くの神々が祀られ，聖地であった。**B**－ムハンマドのメッカからメディナ（ヤスリブ）への移住，すなわち**ヒジュラ**（聖遷）は，西暦「622 年」。聖遷後，イスラーム共同体（**ウンマ**）が設立された。**C**－ムハンマド死後，イスラーム教徒（ムスリム）の合議で「カリフ」が選ばれた。初代カリフのアブー＝バクルから第 4 代のアリーまでのカリフを，**正統カリフ**という。**D**－アラブ人ムスリムは，**ジハード**（聖戦）の名のもとに征服戦争を行い，642 年，「ササン朝ペルシア」を破り，西アジア一帯に勢力を広げた。ムスリムの征服地には，軍営都市（**ミスル**）が建設された。**E**－ムスリムに征服されたユダヤ教徒やキリスト教徒は，"啓典の民"として従来の信仰を認められたが，**ジズヤ**（人頭税）や「ハラージュ」（地租）の支払いを義務づけられた。**F・H**－第 4 代カリフの「アリー」の妻は，ムハンマドの娘ファーティマ。アリーとアリーの子孫だけをムハンマドの後継者とする一派は，「シーア派」と呼ばれた。これに対して，アリーも含めて正統カリフを認め，ムハンマドの言行（スンナ）を重視するのが，**スンナ派**である。**G**－アリーの暗殺後，661 年にシリア総督の「ムアーウィヤ」が，**ダマスクスにウマイヤ朝**を開いた。**I・J**－ウマイヤ朝は，711 年に「西ゴート王国」を滅ぼし，ピレネー山脈を越えてフランク王国に侵攻したが，732 年，「トゥール・ポワティエ間の戦い」で，フランク王国の宮宰**カール＝マルテル**の軍に敗れた。

2 **ア**－756 年，アッバース朝から自立した**後ウマイヤ朝**の首都は，⒂「コルドバ」で，10 世紀のアブド＝アッラフマーン 3 世の治世に最盛期を迎えた。**イ**－ナスル朝の都は，⒀「グラナダ」。スペインのフェルナンド王とイサベル

女王がレコンキスタ（国土回復運動）を進め，1492年グラナダは陥落した。

ウ－⑳「アルハンブラ宮殿」は，13〜14世紀にナスル朝が建設し，華麗な**ア**
ラベスクで飾られた。🃏**エ**－西ゴート王国は，⑫「トレド」を都としたが，
711年にウマイヤ朝に滅ぼされた。トレドは11世紀後半に，キリスト教徒が
占領し，13世紀頃に翻訳学校が設立され，ギリシア文化とイスラーム文化を
西欧に伝える役割を果たした。**オ**－**サラディン**（サラーフ＝アッディーン）
は，⑱「アイユーブ朝」を建て，1171年にイスマーイール派（シーア派の一
派）の**ファーティマ朝**を滅ぼしてスンナ派を回復した。**カ**－**ファーティマ朝**
がカイロに建設した⑮「アズハル学院」は，イスラーム神学や法学のマドラ
サ（教育機関）として発展した。**キ**－⑱「ベルベル人」は，アルジェリア，モ
ロッコなど北アフリカに住み，7世紀に始まるアラブ人の進出以降，イスラー
ム化が進み，11世紀半ばに**ムラービト朝**を，12世紀前半に**ムワッヒド朝**を建
てた。**ク**－ムラービト朝・ムワッヒド朝とも，モロッコの⑯「マラケシュ」
を都とし，イベリア半島に進出する一方，西サハラの隊商交易を行い，サハ
ラ以南のイスラーム化の道を開いた。

 まとめて覚える！ ／／ **エジプトのイスラーム王朝**

1）**トゥールーン朝**（868〜905）：アッバース朝の総督（アミール）が自立

2）**ファーティマ朝**（909〜1171）：イスマーイール派（シーア派の一派）がチュニ
ジアに建国。カリフを称してアッバース朝に対抗→エジプトに進出し，首
都**カイロ**を建設し，**アズハル学院**を創設

3）**アイユーブ朝**（1169〜1250）：クルド人の**サラディン**が建てたスンナ派の王
朝。**イェルサレム**を奪還→第3回十字軍と戦う

4）**マムルーク朝**（1250〜1517）：トルコ系マムルークが建国→
バイバルスがモンゴル軍の侵入を阻止。十字軍を最終的に撃退→
オスマン帝国の**セリム1世**の侵攻により滅亡（1517）

1 問1 ③ 問2 ④

2 ア ⑿ イ ⒇ ウ ⒂ エ ⒄ オ ⑷ カ ⑽

解説　**1** 問1　**ア**－選択語の「ガーナ」と「マリ」は，文章中の「エジプトの南方」ではなく，西アフリカに成立した王国である。前10世紀頃，ナイル川をさかのぼったスーダンのヌビア地方に「クシュ王国」が成立した。黒人王国のクシュ王国は，前8世紀にはエジプトを支配し，前6世紀前半に**メロエ**に都を移した。4世紀半ば，エチオピアの**アクスム王国**に滅ぼされるまで，独特のピラミッドを建設し，高度な製鉄技術をもち，ローマ帝国とも対立した。**イ**－「ガーナ王国」は，セネガル川上流域に成立した王国で，西アフリカ産の**金**や**象牙**と**岩塩**を取り引きするサハラ砂漠を南北に結ぶ交易を基盤に発展した。8世紀以降，この交易にムスリム商人が進出し，11世紀後半，モロッコのムラービト朝の攻撃により衰退，滅亡した。**ウ**－西アフリカのセネガル川・ニジェール川流域に，13世紀には「マリ王国」が，15世紀には**ソンガイ王国**が成立し，両王国ともイスラーム教を受容した。

問2　11世紀，アフリカ南部のザンベジ川流域に④の「モノモタパ王国」が建てられた。この王国は，巨大な石造建築群がつくられた**ジンバブエ**を中心に，インド洋交易で栄えた。

まとめて覚える！ 間違えやすい「イブン＝○○○」さん

☆**イブン＝シーナー**（10〜11世紀）：イスラーム哲学体系化。主著『**医学典範**』
　は中世西ヨーロッパの大学でも重用

☆**イブン＝ルシュド**（12世紀）：アリストテレスの哲学書の注釈→
　中世ヨーロッパの**スコラ学**に影響

☆**イブン＝バットゥータ**（14世紀）：ユーラシア・アフリカ各地を旅行。
　『**旅行記（三大陸周遊記）**』

☆**イブン＝ハルドゥーン**（14〜15世紀）：歴史学者。『**世界史序説**』

2 **ア**-「ガーナ王国」については，**1**の問1の**イ**の解説を参照。**イ**-金が豊富な**マリ王国**の⒇「マンサ=ムーサ」は，14世紀前半に行ったメッカ巡礼の際，経由地カイロで大量の金を消費した。このため，カイロの金相場が大暴落したと伝えられている。また，14世紀後半に，マリ王国を訪れたイブン=バットゥータが，その生活や社会について『旅行記(三大陸周遊記)』のなかで記している。**ウ**-⒂「トンブクトゥ」は，ニジェール川中流域に位置し，特にソンガイ王国の時代には，金や塩，奴隷(どれい)の集散地として繁栄し，モスクやマドラサがつくられて，イスラーム文化の中心地として栄えた。**エ**-東アフリカのインド洋沿岸には，8世紀からムスリム商人が来航し，やがて**マリンディ・ザンジバル**・⒄「キルワ」などの港市(ミン)には，ムスリムの居住地も生まれた。特にマリンディには，15世紀初め，明(ミン)の鄭和(ていわ)の率いる艦隊が訪れ，また，同世紀末にはポルトガルのヴァスコ=ダ=ガマが来航している。**オ**-ムスリムが進出した東アフリカ沿岸では，現地のバントゥー系の言語とアラビア語が融合した⒁「スワヒリ語」が生まれた。**カ**-**1**の問2の解説を参照。

要点を押さえる！ **トルコ系のイスラーム王朝**

1)**カラ=ハン朝**(10世紀半ば〜12世紀半ば)：イラン系のサーマーン朝を滅ぼし，**トルキスタン**のイスラーム化を促進

2)**ガズナ朝**(977〜1187)：アフガニスタンに成立。西北インドに侵入

3)**セルジューク朝**(1038〜1194)：創始者**トゥグリル=ベク**は，1055年バグダードに入城し，アッバース朝カリフから**スルタン**の称号を授けられた。**イクター制**を整備。ビザンツ帝国と衝突→十字軍の遠征

4)**ホラズム(=シャー)朝**(1077〜1231)：アム川下流域に成立
→アフガニスタンの**ゴール朝**を滅ぼす。チンギス=ハンのモンゴル軍に攻略され，のち滅亡

1 問1 ① 問2 ② 問3 ① 問4 ③ 問5 ④ 問6 ③
　　問7 ①

2 1 バルカン　2 ビザンツ　3 ギリシア正教　4 オスマン
　　5 フランク　6 ローマ＝カトリック（教）　7 ドイツ
　　8 リトアニア　9 ヤゲウォ（ヤゲロー）　10 ベーメン（ボヘミア）
　　11 神聖ローマ　12 （第1次）ブルガリア　13 ハンガリー
　　14 リューリク　15 ノルマン　16 ノヴゴロド　17 キエフ
　　18 ウラディミル1世　問 ⑥・⑦

解説

1 問1　①−ヴァンダル人は，ドナウ川中流域のパンノニアから，ガリアを経てイベリア半島に移り，さらに北アフリカにわたり，かつての**カルタゴ**の地に「ヴァンダル王国」を建てた。②−「ブルグンド（ブルグント）王国」はガリア中部，④−「ランゴバルド王国」は北イタリアに建国した。

問2　フン人は，**アッティラ王**のもとで，②「パンノニア」地方（現在のハンガリー）に勢力を拡大した。①−ウェールズは，グレート＝ブリテン島の南西部の地方。③−**ガリア**は，現在のフランス。④−**ロンバルディア**はイタリア北部地方。

問3　アッティラ王が率いるフン人は，ガリアに侵入し，451年，パリの東方の①「カタラウヌムの戦い」で敗退した。翌年にはローマに迫ったが，教皇レオ1世に説得されて撤退した。

問4　③−「オドアケル」は，476年西ローマ皇帝を廃位したあと，イタリアを支配したが，東ゴート人のテオドリック王に敗れた。

問5　④−「アリウス派」は，325年の**ニケーア公会議**で異端<ruby>異端<rt>いたん</rt></ruby>とされたが，ゲルマン人に伝わった。

問6　フランク人はライン川流域を原住地とし，③「メロヴィング朝」の**クローヴィス**が，5世紀末にフランク諸族を統一した。クローヴィスは496年に**アタナシウス派**に改宗し，ローマ教会との関係を強めた。

問7　イベリア半島からフランク王国に侵入したウマイヤ朝軍を撃退したのは，メロヴィング朝の宮宰<ruby>宮宰<rt>きゅうさい</rt></ruby>（王家の行政と財務の長）の①「カール＝マルテル」。

かれの子**ピピン**は，751年にメロヴィング朝を廃して**カロリング朝**を開いた。

2 **1**－スラヴ人は，「バルカン」半島に住みついた南スラヴ人（**セルビア人**や**クロアティア人**），西方に広がった西スラヴ人（**ポーランド人**や**チェック人**），東方に移った東スラヴ人（**ロシア人**）に分けられる。**2・3**－6～7世紀のバルカン半島は，「ビザンツ帝国」の勢力下にあり，ビザンツ文化と「ギリシア正教」が広まっていた。**4**－14世紀末，「オスマン帝国」は，コソヴォの戦いでセルビアなどを破り，以後19世紀まで，バルカン半島を支配下においた。**5・6**－**クロアティア人**やスロヴェニア人は，「フランク王国」のカール大帝に敗れ，カトリックに改宗した。**7**－「ドイツ騎士団」は，12世紀末に設立された**宗教騎士団**のひとつで，13世紀にバルト海東南部を拠点としてエルベ川以東への**東方植民**とスラヴ人への布教に活動した。**8・9**－14世紀後半，ポーランド女王が「リトアニア大公」の「ヤゲヴォ」と結婚し，**ヤゲヴォ朝**リトアニア＝ポーランド王国が成立し，ドイツ騎士団や神聖ローマ帝国に対抗した。**10・11**－チェック人が定住したのは，「ベーメン」地方で，10世紀にはベーメン王国を建て，カトリックに改宗した。11世紀頃からドイツ人が進出し，「神聖ローマ帝国」に編入された。**12**－ブルガール人はトルコ系民族で，7世紀にブルガリア王国を建てたが，のちビザンツ帝国に併合され，ギリシア正教に改宗した。**13**－ウラル語系のマジャール人は，955年にレヒフェルトの戦いで，東フランクの**オットー1世**に敗れたのち，パンノニアに建国し，カトリックに改宗した。ハンガリー王国は，13世紀後半にバトゥの率いるモンゴル軍の侵攻を受け，16世紀前半にはオスマン帝国のスレイマン1世に敗れて支配下におかれた。**14～17**－「ノルマン人」の一派ルーシ（ルス）の首長「リューリク」が，9世紀に交易上の要衝として「ノヴゴロド国」を建て，さらに一族のオレーグによって「キエフ公国」がつくられた。**18**－黒海とバルト海を結ぶ交易を支配したキエフ公国は，ウラディミル1世が，ビザンツ皇帝の妹との結婚を機に，ギリシア正教に改宗した。

問　**1**，**12**，**13**の解説を参照。

10 ヨーロッパ世界の変容と文化

1 問1 エ 問2 イ 問3 エ 問4 ア 問5 イ 問6 ア
問7 ウ 問8 イ 問9 ア 問10 イ

2 問1 1 東西教会 2 カノッサ 3 ヴォルムス
4 大憲章(マグナ＝カルタ) 5 大空位 6 模範 7 三部会
8 バビロン 9 金印勅書 10 カルマル
問2 イ 問3 イ 問4 ヘンリ3世 問5 ジョン＝ボール
問6 コンスタンツ公会議

3 問1 フィリップ2世 問2 三部会 問3 ヴァロワ
問4 エドワード3世 問5 ジョン＝ボール
問6 ジャンヌ＝ダルク 問7 シャルル7世 問8 ヨーク
問9 バラ戦争 問10 テューダー

解説

1 問1 西フランク王国のカロリング朝の断絶後,「ユーグ＝カペー」が諸侯に推されて**カペー朝**を開いたが, その支配はパリ周辺に限られた。

問2 イギリス王ジョンは,「フィリップ2世」との戦いに敗れて大陸領土の大半を失い, 1215年には**大憲章(マグナ＝カルタ)**を承認した。

問3・問4 「ルイ9世」は, 異端のカタリ派系の「アルビジョワ派」を制圧し, また第6回・第7回十字軍を主導した。

問5〜問9 「フィリップ4世」は, 聖職者課税をめぐって教皇「ボニファティウス8世」と対立し, 1302年に**三部会**を招集してその支持を得,「アナーニ事件」で教皇を捕らえた。さらに教皇庁を南フランスの「アヴィニョン」に移し, 以後約70年間, 教皇はフランス王の監視下におかれた。これを古代のバビロン捕囚になぞらえて「教皇のバビロン捕囚」という。

問10 1328年カペー朝の断絶で「ヴァロワ朝」が成立すると, イギリス王エドワード3世がフランス王位継承権を主張し, **百年戦争**が起こった。

2 問1 1−ローマ＝カトリック教会とギリシア正教会に分裂した。2−聖職叙任権をめぐって教皇**グレゴリウス7世**に破門された神聖ローマ皇帝ハインリヒ4世が謝罪した。3−叙任権闘争は,「ヴォルムス協約」で, 政教分離

の妥協が成立した。**4**－イギリス王**ジョン**は，新たな課税は聖職者と貴族の同意を必要とすることなどを規定した「**大憲章（マグナ＝カルタ）**」を承認した。**5**－ドイツの諸侯と都市の自立化が進むなか，皇帝不在の「**大空位時代**」が生じた。**6**－大憲章を無視したヘンリ3世に対して，**シモン＝ド＝モンフォール**が反乱を起こし，各身分の代表で構成する会議で国政を協議した。この会議をもとに，**エドワード1世**が，聖職者・貴族の代表，各州代表の騎士2名と各都市代表の市民2名で構成された身分制議会（模範議会）を召集した。**7**－聖職者・貴族・平民の3身分の代表からなるフランスの身分制議会。**8**－フランス王**フィリップ4世**が，教皇庁を南フランスの**アヴィニョン**に移した。**9**－聖俗の**七選帝侯**による皇帝選挙の制度を規定した。**10**－デンマーク・スウェーデン・ノルウェー3国の同君連合が成立した。

問2　**イ**－「元首制を導入」が誤り。征服者として王権の強化を図った。

問3　**ア**－1095年，**ウルバヌス2世**が十字軍を提唱した。**ウ**－**ヤゲウォ朝**は1386年に成立した。**エ**－**トマス＝アクィナス**は，13世紀に『**神学大全**』を著した。

問4　問1の**6**の解説を参照。

問5　人口の激減による労働力の不足は，農民の農奴身分からの解放を促し，イギリスでは**ヨーマン**と呼ばれる**独立自営農民**が生まれた。一方，封建反動によって，フランスでは，1358年に**ジャックリーの乱**が，イギリスでは，1381年に**ワット＝タイラーの乱**が起こった。後者の反乱を理論的に支えたのは，「**ジョン＝ボール**」である。

問6　**教会大分裂**（大シスマ）は，ローマとアヴィニョンに教皇が並び立った混乱で，**コンスタンツ公会議**（1414～18年）で，ローマの教皇が正統とされた。この公会議でイギリスの**ウィクリフ**やベーメンの**フス**が異端とされた。

3　問1～問4は，**1**の解説を，問5は，**2**の問5の解説を参照。

問6・問7　「**ジャンヌ＝ダルク**」がオルレアンの包囲を破ると，戦局は逆転し，「**シャルル7世**」のもとで，1453年，百年戦争は終結した。

問8～問10　「**バラ戦争**」は，**ランカスター家**と「**ヨーク家**」の王位をめぐる争いに，貴族が両派に分かれて抗争した内乱。1485年，ランカスター派の**ヘンリ7世**が収拾して「**テューダー朝**」を開いた。

1 問1 (1) 問2 (3) 問3 (2) 問4 (1) 問5 (3)

2 問1 1 ① 2 ⑤ 3 ⑦ 問2 ア 問3 ア 問4 エ
問5 ガザン＝ハン 問6 ティムール

解説 **1** 問1 唐を滅ぼした朱全忠は，汴州(開封)を都として(1)「後梁」を
建てた。以後華北では，後唐・後晋・後漢・後周の五代が興亡した。

問2 916年，モンゴル系の契丹(キタイ)の(3)「耶律阿保機」が諸部族を統一
した。のち，国号を中国風に遼と定めた。遼は，渤海国を滅ぼし，五代の後
晋の建国を援助した代償に，燕雲十六州を獲得した。(2)－「李元昊」は，チ
ベット系タングートの君主で，11世紀前半に西夏(大夏)を建てた。(4)－「完
顔阿骨打」は，ツングース系女真諸族をまとめ，12世紀初めに金を建てた。

問3 (1)－「理藩院」は，清が設けた藩部を管轄する機関。宋は「節度使」を廃
して文人の官僚を重用した。(3)－「郷挙里選」は，前漢の武帝が採用した官吏
任用制。宋の太祖(趙匡胤)は，皇帝が自ら審査する「殿試」を導入した。
(4)－神宗が抜擢したのは，王安石である。「李斯」は秦の始皇帝が登用した丞
相で，郡県制や焚書坑儒による思想統制を進言した。

問4 (1)－「靖康の変」で，1126年に北宋の都の開封が金に占領され，1127年，
徽宗や欽宗らが捕虜とされ，この結果，北宋は滅亡した。同年，欽宗の弟の
高宗が江南に逃れて南宋を建て，臨安を都とした。

問5 (1)－『三国志演義』は，元末に羅貫中が大成した小説。(2)－『西遊記』は，
明代の口語小説。(4)－『琵琶記』は，『西廂記』と並ぶ代表的元曲。

⚠ 要点を押さえる！ // 宋代の社会・経済

☆占城稲の普及…「蘇湖(江浙)熟すれば天下足る」(長江下流域)

☆茶の栽培(江南地方)…喫茶の風習→景徳鎮の陶磁器

☆行(商人組合)・作(手工業者組合)の結成

☆宋銭(銅銭)のほか，紙幣として交子(北宋)・会子(南宋)の流通

☆形勢戸(新興地主)の荘園経営と佃戸(小作農)の隷属化

2 問1　**1・2**－第4代モンケ゠ハンのあと，モンゴル帝国の大ハン位をついだ①「フビライ（クビライ）」は，国号を中国風に**元**と定め，1276(79)年**南宋**を滅ぼして中国全土を支配した。

問2　**イ**－チンギス゠ハンは，支配下の騎馬遊牧民を**千戸制**に組織した。「**猛安・謀克制**」は，金が女真の部族組織を再編した軍事・行政制度である。

ウ－金は，1234年にモンゴル帝国の第2代**オゴタイ゠ハン**によって滅ぼされた。**エ**－「交子」は，北宋で発行された紙幣。

問3　**ア**－郭守敬の作成した「**授時暦**」は，日本の江戸時代，渋川春海が作成した貞享暦のもとになった。**イ**－徐光啓は，明末にイエズス会宣教師アダム゠シャールと協力して「**崇禎暦書**」を著した。**ウ**－李時珍は，明代に薬物に関する『**本草綱目**』を著した。

問4　**エ**－「陳朝」が，3次にわたるモンゴル軍（元）の侵入を撃退した。

問5　**イル゠ハン国**では，ネストリウス派が保護されるなど，宗教には寛容であったが，イスラーム化が進み，第7代の「ガザン゠ハン」は，イスラーム教を受容した。

問6　チャガタイ゠ハン国の分裂と混乱のなか，トルコ系の軍人「ティムール」が，1370年に**ティムール朝**を建て，1402年には**アンカラの戦い**でオスマン帝国を破った。

！！▶まとめて覚える！　／／　モンゴル帝国時代の東西交流

☆ジャムチ（駅伝制）の整備。銀と兌換できる**交鈔**（紙幣）の流通

☆海上交通の発展…**杭州・泉州・明州**（寧波）**・広州**の繁栄

☆**プラノ゠カルピニ**と**ルブルック**…カラコルムにいたる

☆**モンテ゠コルヴィノ**…大都でカトリックを布教

☆**マルコ゠ポーロ**…フビライに仕える→『**世界の記述（東方見聞録）**』

☆**イブン゠バットゥータ**…大都を訪れる→『**旅行記（三大陸周遊記）**』

☆中国絵画→イスラーム世界の細密画（ミニアチュール）に影響

☆中国の火薬・羅針盤・印刷術→イスラーム世界へ

☆イスラーム天文学→**郭守敬**が「**授時暦**」を作成

1 問1 ② 問2 ③ 問3 ① 問4 ④ 問5 ③
2 ア ③ イ ③ ウ ④ 問1 ① 問2 ③

解説 **1** 問1　インド航路を開拓した「ポルトガル」は，1510年に獲得したゴアを拠点に，1511年にマラッカを占領し，1517年には広州に来航した。さらに1557年，広州に近いマカオに居住権を得た。

問2　**朱元璋（洪武帝）**は，宰相と③「中書省を廃止」して六部を皇帝の直属とし，君主独裁の支配を確立した。①-「赤眉の乱」は，新の王莽に反発して起こった農民反乱。朱元璋は白蓮教徒らを中心に起こった「紅巾の乱」で頭角を現した。②-「殿試」は，宋の趙匡胤（太祖）が創設した。④-『四書大全』や『五経大全』の編纂は，永楽帝の治世である。

問3　①-「マラッカ王国」は，鄭和の遠征を機に，明に朝貢した。②・③-「パガン朝」と「ドヴァーラヴァティー」は，鄭和の南海遠征が行われた15世紀前半以前に消滅している。④-「阮朝」は，19世紀初めにベトナムに成立した王朝。

問4　北虜南倭に苦しみ，財政が悪化した明の万暦帝は，④「張居正」を抜擢し，検地や一条鞭法など，諸改革を実施した。

問5　**a**-王建は高麗の創始者で，朝鮮（李朝）の建国者は李成桂。文は誤り。**b**-朝鮮では，銅活字による活版印刷が行われたほか，第4代世宗が独自の表音文字である訓民正音（ハングル）を制定した。
年表の下線部(d)について確認しておこう。豊臣秀吉の2度にわたる朝鮮侵攻（壬辰・丁酉倭乱[文禄・慶長の役]）に際し，亀甲船を率いた李舜臣の水軍や義兵の抵抗が続き，秀吉の死によって日本軍は撤退した。

2 ア-東林派と非東林派の党争や天災・飢饉によって各地に反乱が起こり，明は，③「李自成」の反乱軍に北京を占領され，1644年滅亡した。①-「李成桂」は朝鮮（李朝）の建国者。②-「李時珍」は明末に『本草綱目』を著した本草学者。④-「李大釗」は，北京大学の教授で，中国にマルクス主義を紹介した。**イ**-③明の武将「呉三桂」は，崇禎帝が自殺して明が滅ぶと，清に降

伏した。清の第3代**順治帝**は，呉三桂の先導で北京に入城し，遷都した。

①−「**張居正**」は，**1**の問4の解説を参照。②−「**魏忠賢**」は，明末に東林派を弾圧した宦官。④−「**顧憲成**」は東林派の指導者。**ウ**−④清はモンゴルや新疆，チベットなどを藩部とし，「**理藩院**」に管轄させた。①−「**都護府**」は，唐が周辺民族を統制するためにおいた機関である。③−「**折衝府**」は，唐が設けた軍営で，府兵の徴集や訓練などが行われた。

問1　①−清は協力した呉三桂らを**藩王**としたが，康熙帝が藩王の勢力を削減すると，呉三桂らによる**三藩の乱**が起こり，鎮圧された。②−**軍機処**は，「**雍正帝**」が設けた中央機関で，政治の最高決定機関となった。③−「**八旗**」は，清の軍事組織で，後金を建てた**ヌルハチ**が編成した満州八旗に加えて，のちには蒙古八旗，漢軍八旗がつくられた。④−**典礼問題**を機に，**康熙帝**は，孔子崇拝や祖先祭祀など中国の儀礼・習慣(典礼)を尊重するイエズス会をのぞき他の修道会(ドミニコ会など)の布教を禁じた。さらに「**雍正帝**」は，1724年にキリスト教の布教を全面禁止とした。

問2　**a**−**チベット仏教**は，仏教とチベットの民間信仰が融合して生まれた。**b**−14世紀末から**ツォンカパ**が，チベット仏教の改革を進め，厳格な戒律を実践する**黄帽派**を開いた。従来の教派は紅帽派と呼ばれる。なお，16世紀後半に韃靼(タタール)の**アルタン＝ハン**が黄帽派に帰依し，チベット仏教の教主に**ダライ＝ラマ**の称号が贈られ，以後，その教主はこの称号で呼ばれるようになった。

‼▶要点を押さえる！⧸⧸　明・清時代の社会・経済

☆**「湖広熟すれば天下足る」**…長江中流域(湖北・湖南)が穀倉地帯

☆**綿花栽培**の普及，トウモロコシ・サツマイモの栽培(17世紀以降)

☆絹織物・綿織物の発展→蘇州・杭州の繁栄

☆**景徳鎮**の窯業…**赤絵・染付**の陶磁器

☆**会館・公所**の設立…同郷・同業の商工業者の相互扶助の施設

☆税制改革…メキシコ銀・日本銀の流通→**一条鞭法**(地税・丁税を簡素化し銀納[明代後半])→**地丁銀制**(丁税を地税に組み込む[清代：18世紀初頭])

トルコ・イラン世界の展開

問題：本冊 p.44

1 問1 ② 問2 ③ 問3 ④ 問4 ③ 問5 ②
2 問1 ③ 問2 ① 問3 ④

解説 **1** 問1 ティムール朝が，**ウズベク人**によって滅ぼされたあと，アフガニスタンのカーブルを拠点とした**バーブル**は，北インドに進出し，1526年に②「**パーニーパットの戦い**」で，デリー＝スルタン朝最後の**ロディー朝**を破り，**ムガル帝国**を建てた。①-「**モハーチの戦い**」は，1526年にオスマン帝国のスレイマン1世がハンガリーを破った戦い。④-「**ニコポリスの戦い**」は，1396年にオスマン帝国の**バヤジット1世**が，ハンガリーなどヨーロッパ連合軍を破った戦い。

問2 ③-イスラーム諸国で，征服地の異教徒に課せられた人頭税は「**ジズヤ**」と呼ばれる。①-「**ジハード**」はムスリムの聖戦。②-「**ザカート**」はイスラーム法に定められた一種の救貧税。④-「**ハラージュ**」は土地税である。

問3 ④-「**ウルドゥー語**」は，現在パキスタンの公用語である。①-「**タミル語**」は，南インドのドラヴィダ系タミル人が使用した言語。②-「**シンハラ語**」は，スリランカのシンハラ人が用いる言語。③-「**スワヒリ語**」は，東アフリカ沿岸に来航したムスリム商人とバントゥー語を話す現地人との接触から生まれた言語。

問4 **タージ＝マハル**は，③「**シャー＝ジャハーン**」が**アグラ**に造営したインド＝イスラーム建築の傑作で，アーチとドームが多用されている。

問5 ②-「**ヴィジャヤナガル王国**」は，南インドのヒンドゥー王国で，宝石や香料を産出し，海上交易で栄えた。15世紀前半には明の鄭和が訪れ，1498年にはヴァスコ＝ダ＝ガマがこの王国の港市**カリカット**に来航した。

知って得する！ インド＝イスラーム文化

☆ペルシア語が公用語。**ウルドゥー語**の成立(北インド)

☆**ムガル絵画**(宮廷・貴族的)・**ラージプート絵画**(庶民的)の発展

☆**シク教**：ナーナクが創始。イスラーム教の影響を受け，ヒンドゥー教から派生した宗教。カースト制・偶像崇拝を否定

2 **問1**　**a**－オスマン帝国は 1366〜1453 年の間,「アドリアノープル」(現在のエディルネ)を首都とした。「**タブリーズ**」は,イラン北西部の都市で,イル＝ハン国やサファヴィー朝初期の都として栄えた。**b**－**スレイマン 1 世**は,「**プレヴェザの海戦**」に勝利し,またチュニジアやアルジェリアを征服して地中海の制海権を確保した。「**レパントの海戦**」(1571 年)で,オスマン帝国の艦隊は,**フェリペ2世**のスペイン・ヴェネツィア・ローマ教皇の連合艦隊に敗れたが,その後も 17 世紀まで地中海での優位を保持した。

問2　①－「サマルカンド」は,ティムール朝の首都。**サファヴィー朝**は,建国の当初,「タブリーズ」を都としたが,第 5 代シャー(王)のアッバース 1 世が,16 世紀末に**イスファハーン**を首都とし,華麗なモスクと庭園を建築するなどして「**イスファハーンは世界の半分**」といわれるほど繁栄した。

問3　**マムルーク朝**は,1250 年トルコ系マムルーク(軍人奴隷)が,アイユーブ朝を倒して建てたスンナ派の王朝で,④「**カイロ**」を都とした。シーア派の①「**ファーティマ朝**」は,アイユーブ朝のサラディン(サラーフ＝アッディーン)に滅ぼされた。②－「**西ゴート王国**」は,711 年にウマイヤ朝に滅ぼされた。

!!▶ 流れを押さえる！ ／／ オスマン帝国の発展

1) オスマン＝ベイ(オスマン 1 世)の建国(13 世紀末)

2) **バヤジット 1 世**：ニコポリスの戦い(1396)…ドナウ以南の地を制圧

　　アンカラの戦い(1402)でティムールに大敗

3) **メフメト 2 世**：ビザンツ帝国を滅ぼす(1453)→首都を**コンスタンティ**

　　ノープル(イスタンブル)に移す

4) **セリム 1 世**：**マムルーク朝**を滅ぼす(1517)→メッカ・メディナの保護

　　権を継承＝スンナ派イスラーム教の保護者

5) **スレイマン 1 世**：ハンガリーを支配下に→(第 1 次)**ウィーン包囲**(1529)→

　　プレヴェザの海戦(1538)で地中海制海権を掌握

14 大航海時代・ルネサンス・宗教改革

問題：本冊 p.46

1	問1	③	問2	②	問3	⑤	問4	⑤					
2	問1	c	問2	b	問3	C d	D a	問4	b	問5	c		
	問6	d	問7	d	問8	a							
3	1 セ	2 イ	3 コ	4 シ	5 ク	6 カ	7 キ	8 ソ					
	9 チ	10 ナ	11 ネ	12 ニ	13 ウ	14 ヒ	15 ヘ	16 ノ					
	17 オ	18 ホ	19 ケ	20 ミ									

解説

1 **問1** **ヴァスコ＝ダ＝ガマ**は，アフリカ東海岸のマリンディでムスリムの水先案内人を得，③「**インド西岸**」の**カリカット**に達した。

問2 ガマは，大量の胡椒(香辛料)を得て，ポルトガルに持ち帰った。

問3 選択語の「**バルボア**」はスペインの探検家。1513年パナマ地峡を横断し，ヨーロッパ人として初めて太平洋に達し，これを「南の海」と命名した。

問4 ⑤－「**ラス＝カサス**」は，スペイン国王**カルロス1世**に，エンコミエンダ制による先住民の苛酷な労働の実態を告発した。①－**イグナティウス＝ロヨラ**は，**イエズス会**の創設者。③－**アダム＝シャール**は，明末に中国を訪れ，「崇禎暦書」の完成に尽力した。④－**ブーヴェ**は，清の康熙帝に仕え，「皇輿全覧図」を作成した。③と④は，いずれもイエズス会宣教師である。

2 **問1** **c**－ブリューゲルがフランドル派の画家。**a**のドナテルロ，**b**のジョットは，イタリア・ルネサンス初期に活躍した。**d**－ボッティチェリは，メディチ家の保護を受けた画家で，「ヴィーナスの誕生」「春」などを描いた。

問2 **a**－『**デカメロン**』は，ボッカチオの代表作。**c**－『**新生**』は，『**神曲**』を著したダンテの作品。**d**－『**君主論**』はマキァヴェリの著作。

問3 **c**－ミルトンは，イギリスのピューリタン革命に参加した詩人で，叙事詩『失楽園』を残した。**e**－デフォーは，18世紀初め，小説『ロビンソン＝クルーソー』を著した。

問4 **b**－「レオ10世」は，ルネサンス最盛期のフィレンツェで統治者として手腕を振るったロレンツォ＝デ＝メディチの子。

問5 **c**－「フランソワ1世」は，レオナルド＝ダ＝ヴィンチをフランスに招く

など，フランスのルネサンスを開花させた王としても有名。

問6 **d**−「ミケランジェロ」が正しい。**a**−ブルネレスキは，ルネサンス初期
の建築家で，フィレンツェのサンタ＝マリア大聖堂のドームの設計などに携
わった。**c**−ギベルティは，ルネサンス初期のフィレンツェ出身の彫刻家。

問7 『ユートピア』は"どこにもない場所"という意味。**d**−「トマス＝モア」
は，牧羊のための囲い込み（エンクロージャー）を批判し，理想郷を描写した。

問8 モンテーニュは，ユグノー戦争の渦中に生きた体験をもとに『随想録』
を著した。**b**−『哲学書簡』はヴォルテールの著作で，フランスの後進性を批
判した。**c**−『方法叙説』はデカルトの著作で，"われ思う，ゆえにわれあり"
の一節は有名。**d**−『人形の家』はノルウェーのイプセンの代表的戯曲。

3 **1・2・3**−聖職者課税をめぐって，フランス王の「フィリップ4世」は，
教皇ボニファティウス8世と対立し，1303年**アナーニ事件**で屈伏させた。さ
らにフィリップ4世は，教皇庁を南フランスの「アヴィニョン」に移し，フ
ランス王の支配下においた。これを「**教皇のバビロン捕囚**」という。
4・7−「教会大分裂」は，ローマに戻った教皇に対して，1378年アヴィニョ
ンに別の教皇が立ち，それぞれ正統性を主張した抗争。この大分裂は「コン
スタンツ公会議」で，ローマの教皇を正統と認めて終結した。**5・6**−イギ
リスの神学者「ウィクリフ」は，聖書こそ信仰の基礎であるとして聖書の英
訳を行った。ウィクリフの説に同調した**フス**は，「ベーメン」のプラハ大学教
授で，聖書のチェコ語訳などに力を尽くした。**8〜17**−いずれの空欄も，選
択語句がなくても答えられる基礎的知識。**18**−1534年に**イグナティウス＝ロ
ヨラ**らによって設立されたイエズス会は，ザビエルの日本布教，マテオ＝リッ
チの中国布教など，海外布教に尽力した。**19**−「サン＝バルテルミの虐殺」は，
ユグノー戦争中の1572年，カトリック教徒がカルヴァン派（ユグノー）を大量
虐殺した事件。**20**−**ハプスブルク家**のベーメン王フェルディナント2世によ
るカトリック強制に反対するベーメンの新教徒の反乱がきっかけで「三十年
戦争」が勃発し，デンマーク・スウェーデン・フランスが新教徒を支援した。
三十年戦争は，1648年**ウェストファリア条約**により終結したが，ドイツの各
領邦の主権が認められ，神聖ローマ帝国は，事実上解体した。

1 問1　④　問2　②

2 問1　②　問2　①　問3　③　問4　④

解説 1 問1　**ア**－文中の「ブルゴーニュ」の名称は，ゲルマン人の大移動期のブルグンド（ブルグント）に由来する。ブルゴーニュ公国はフランス東部の封建諸侯として勢力を拡大し，14世紀後半から「ネーデルラント」にも進出した。1477年ブルゴーニュ公女と**ハプスブルク家**のマクシミリアン1世との結婚によって，この地はハプスブルク家の所領となった。ネーデルラントは，1556年，ハプスブルク家の神聖ローマ皇帝**カール5世**（スペイン王**カルロス1世**）が退位すると，スペイン＝ハプスブルク家の**フェリペ2世**に継承された。**イ**－「レパントの海戦」で，スペイン・ヴェネツィア・ローマ教皇の連合艦隊が，オスマン艦隊をギリシアのコリント湾口で撃破した。「プレヴェザの海戦」は，1538年オスマン帝国のスレイマン1世が，スペイン・ヴェネツィア・ローマ教皇などの連合軍を破った戦い。

問2　②－フェリペ2世は，カトリック世界の擁護者として異端審問を強行し，ユダヤ教徒やイスラーム教徒など異教徒を追放した。また，首長法を発布してイギリス国教会を設立したヘンリ8世の子でイギリス女王のメアリ1世と結婚して，イギリスでのカトリックの復活を図った（次のページの系図を参照）。①－コロンブスの航海を支援したのは，**イサベル女王**。③－サンバルテルミの虐殺は，ユグノー戦争中の1572年にフランスで起きたカトリック教徒によるユグノー虐殺の事件で，国王シャルル9世の母で摂政のカトリーヌ＝ド＝メディシスとカトリック派の貴族ギーズ公の策謀といわれる。④－**アンボイナ事件**は，1623年にモルッカ諸島のアンボイナ島のオランダ商館員が，イギリス商館員らを殺害した事件。これを機にイギリスはインドネシアから撤退し，インド進出に専念した。

2 問1　フェリペ2世のカトリック強制と重税に反対して，1568年②「オラニエ公ウィレム」を指導者に**オランダ独立戦争**が起こった。①－「ヴァレンシュタイン」は，三十年戦争に際して，神聖ローマ皇帝軍の傭兵隊長として

活躍したが，リュッツェンの戦いでスウェーデン王グスタフ＝アドルフに敗れた。③－「**コシューシコ**」は，アメリカ独立革命に参加したあと，1793年の第2回ポーランド分割に反対して蜂起したポーランドの軍人。④－「**クライヴ**」は，イギリス東インド会社に勤務し，1757年**プラッシーの戦い**で，フランス・ベンガル太守連合軍を破り，イギリスのインド支配の基礎を築いた。

問2　1579年，ホラント州を中心に北部7州が，「**ユトレヒト同盟**」を結成した。

問3　問1の①の解説を参照。②の「**カール12世**」もスウェーデン王。北方戦争では当初は優勢に戦ったが，1709年のポルタヴァの戦いで，ロシア皇帝ピョートル1世に敗れた。

問4　④－南北ヨーロッパ間の交通の要衝にあたる「**スイス**」は，ハプスブルク家の支配に抵抗して，13世紀末からウリなど3州が同盟して独立抗争が始まり，センパハの戦いなど数度の戦いに勝利を収めた。この間，同盟州も増え，15世紀末に神聖ローマ帝国から事実上独立し，1648年**ウェストファリア条約**で国際的に承認された。

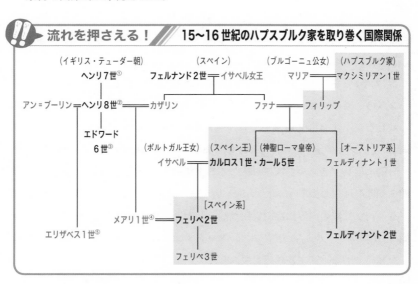

流れを押さえる！／／**15～16世紀のハプスブルク家を取り巻く国際関係**

1 問1 **1** ユグノー **2** ナントの王令(勅令) **3** 東インド会社

　　問2 リシュリュー 問3 マザラン 問4 フロンドの乱

　　問5 コルベール 問6 ケベック 問7 ハイチ 問8 セネガル

2 問1 **1** ヘンリ8世 **2** 国王至上法(首長法) **3** 統一法

　　4 スコットランド **5** ジェームズ1世 **6** 王権神授説

　　7 チャールズ1世 **8** 権利の請願 **9** 王党 **10** 独立

　　11 長老 **12** クロムウェル **13** アイルランド

　　14 チャールズ2世 **15** 王政復古

　　問2 **A** 5 **B** 4 **C** 3 **D** 6 **E** 2

解説　**1** 問1　**1**-フランスのカルヴァン派は「ユグノー」と呼ばれ，16世紀半ばから商工業者を中心に広がり，カトリックとの対立が激化した。この対立に大貴族の権力争いや王権の強化を図りたい**ヴァロワ朝**の思惑が重なり，1562年に**ユグノー戦争**と呼ばれる内乱が始まった。**2**-ユグノー戦争中に**ヴァロワ朝**が断絶し，ユグノーの指導者であったアンリが**ブルボン朝**を開き，**アンリ4世**となった。かれはカトリックに改宗し，1598年「ナントの王令(勅令)」を発布してユグノーの信仰を認め，内乱は収拾された。**3**-フランスの「東インド会社」は，1604年に設立され，事実上の活動がないまま消滅したが，1664年に財務総監**コルベール**によって再建された。

問2　「リシュリュー」は，三部会を開かないなど絶対王政の基礎を確立し，対外的には**ハプスブルク家**に対抗して**三十年戦争**に介入し，新教側を支援した。

問3・問4　「マザラン」は，リシュリューの政策を継承して王権の強化を図り，司法機関の高等法院や貴族が起こした「フロンドの乱」も鎮圧した。

問5　「コルベール」は，王立マニュファクチュアの設立や東インド会社の再建など典型的な重商主義政策を展開した。

問6　1608年，フランスは「ケベック」を建設し，**カナダ植民**が本格化した。

難 問7　フランスは，スペインから「ハイチ」を奪って植民地とした。

難 問8　「セネガル」は，17世紀前半にフランスが進出して奴隷貿易の拠点とした。七年戦争後のパリ条約でイギリス領，1783年にはフランス領となった。

2 問1　**1・2**−テューダー朝の「ヘンリ8世」は，スペイン王家出身の王妃カザリンとの離婚を教皇に反対され，議会の支持のもとに1534年「国王至上法（首長法）」を制定して**イギリス国教会**を設立した。**3**−1559年に**エリザベス1世**は，祈禱や礼拝儀礼に関する「統一法」を制定し，イギリス国教会を確立した。**4・5**−1603年，エリザベス1世の死によってテューダー朝は断絶し，「スコットランド」王ジェームズ6世がイングランド王「ジェームズ1世」として即位し，**ステュアート朝**を開いた。**6**−「王権神授説」は，フランス王**ルイ14世**も主張した。**7・8・9**−「チャールズ1世」が議会を無視したため，議会は1628年に「権利の請願」を提出して，議会の同意のない課税や不当な投獄・逮捕などに反対した。1640年召集された長期議会では，国王支持派の「王党派」と，ジェントリやヨーマン，都市の中小商工業者が支持した議会派（多くはピューリタン）が対立し，1642年**ピューリタン革命**が始まった。**10・11・12**−議会派は，立憲王政を主張する穏健な「長老」派と，ピューリタンを中核とする**鉄騎隊**を編成して王党派軍を破った「クロムウェル」の指導する「独立派」に分裂した。**13**−5世紀にカトリックが伝わった「アイルランド」は，クロムウェルの征服によって土地を収奪され，農民はイギリスの不在地主の小作人とされた。**14・15**−クロムウェルは，1651年に**航海法**を制定して重商主義政策を推進する一方，1653年に**護国卿**に就任して軍事独裁を強めた。かれの死後，1660年長老派が中心となって，フランスに亡命していた「チャールズ2世」を国王に迎えて「王政復古」となった。

問2　**C**−**3**の「プロテスタント」は，ルター派・カルヴァン派・イギリス国教会などを含む新教派の総称。

要点を押さえる！　　イギリス立憲政治

☆「権利の請願」（1628）…**チャールズ1世**に対して議会が提出。議会の承認のない課税の禁止，不当な逮捕・拘禁の禁止などを規定

☆「権利の章典」（1689）…**ウィリアム3世**とメアリ2世。王権に対する議会の優位を確認した「**権利の宣言**」を法文化

☆責任内閣制（1721）…**ウォルポール内閣**。「**王は君臨すれども統治せず**」

問題：本冊 p.54

1 問1 重商 問2 重金 問3 コルベール 問4 ピューリタン
問5 オランダ 問6 航海 問7 ユトレヒト 問8 ハドソン
問9 フレンチ＝インディアン戦争 問10 ルイジアナ

2 1 C 2 B 3 B 4 A

解説 **1** 問1〜問3 「重商主義」は，初期には金・銀など貴金属の獲得を
めざしたスペインなどの「重金主義」から，オランダ・イギリス・フランス
のように，輸出を奨励し，輸入を押さえて貿易黒字による貨幣の蓄積をめざ
す**貿易差額主義**に発展し，政府の主導による国内産業の保護・育成を図る政
策へと展開していった。フランスの「コルベール」の政策が典型とされる。

問4 下線部の革命は，「ピューリタン革命」のこと。

問5 1602年東インド会社を設立した「オランダ」は，ジャワ島の**バタヴィア**
を拠点に**香辛料貿易**のほか，東アジアの中継貿易も独占した。

問6 **クロムウェル**は，1651年イギリスとの交易品の輸送をイギリス船あるい
は当事国船に限定した「航海法」を制定し，海運国オランダの締め出しを図っ
た。この結果，イギリス＝オランダ(英蘭)戦争が起こった。

問7・ 問8 **スペイン継承戦争**と並行して，イギリスとフランスは，北アメ
リカで**アン女王戦争**を展開し，1713年の「ユトレヒト条約」の結果，フラン
スから「ハドソン湾」地方・ニューファンドランド島・アカディアが，イギ
リスに譲られた。

問9 下線部の戦争は，「フレンチ＝インディアン戦争」と呼ばれる。同時期
に，インドではイギリス東インド会社の**クライヴ**が，**プラッシーの戦い**(1757)
でフランス・ベンガル太守連合軍を破り，イギリスによるインド制圧の基礎
が築かれた。

問10 七年戦争後の**パリ条約**で，ミシシッピ川以東の「ルイジアナ」がイギリ
スに割譲され，以西のルイジアナはスペインに譲渡された。

要点を押さえる！ // **16～18世紀の制海権の推移**

16世紀前半	☆ポルトガル…**ゴア・マラッカ**に商館→香辛料貿易独占
16世紀後半	☆スペイン…**ポトシ鉱山**などアメリカ大陸産の銀独占
	マニラを建設→ポルトガル併合→**「太陽の沈まぬ国」**
	→オランダの独立，無敵艦隊の敗北(1588)→衰退
17世紀前半	☆オランダ…**東インド会社設立**(1602)→マラッカ・**ジャワ**
	（**バタヴィア**）・スリランカ・ケープ植民地建設→香辛料貿易
	→イギリスの航海法(1651)とイギリス＝オランダ戦争に敗北

17世紀～18世紀前半

☆イギリス…東インド会社設立(1600)→アンボイナ事件(1623)で東南アジア
　から撤退→**マドラス・ボンベイ・カルカッタ**に商館設立
　ヴァージニア・ニューイングランド植民地建設

☆フランス…**コルベール**が東インド会社再建(1664)→**ポンディシェリ・
　シャンデルナゴル**に拠点設立。ケベックやルイジアナ植民地建設

☆パリ条約(1763)→イギリスがインド・北アメリカで覇権を得る

2 **難1** **C**－「アントウェルペン（アントワープ）」は，13世紀以降，フラ
ンドル地方の商業都市として栄え，16世紀前半のスペイン支配下に金融・中
継貿易港として最盛期を迎えた。**A**のブリュージュ（ブルッヘ）と**B**のガン（ヘ
ント）もフランドル地方の都市だが，毛織物の生産・取引で繁栄したのは，14
世紀頃までで，以後衰退した。**D**－ロッテルダムは，フランドル地方ではな
く，オランダ南西部に位置し，17世紀以降発展した。

難2 **B**－「ルーベンス」は，**バロック式絵画のフランドル派**を代表する画家で，
アントウェルペンで活動した。弟子に**C**の**ファン＝ダイク**らがいる。**A**のブ
リューゲルや**D**のデューラーは，西欧ルネサンスを代表する画家である。

3・4 サンスーシ宮殿は，ベルリン南西部に接する「ポツダム」に建設され
た。フリードリヒ2世は，「ヴォルテール」をはじめ多くの学者・文人・音楽
家などを招いた。**3**の**A**のドレスデンも，バロック様式・ロココ様式の建築
の宝庫として知られた都市。

1 問1 ④ 問2 ④ 問3 ② 問4 ③ 問5 ③ 問6 ④

2 問1 ③ 問2 ④ 問3 ③

3 問1 ① 問2 ③ 問3 ③ 問4 ④ 問5 ①

問6 ① 問7 ③

解説 **1** 問1 輸入していたインド産の綿布の需要が高まり，綿織物の国産化が模索されると，④「マンチェスター」で**綿工業**が急速に発展した。①－リヴァプールは，大西洋**奴隷貿易**で繁栄した港町。②－バーミンガムは，石炭と鉄鉱石に恵まれ，製鉄業が発展した。

問2 **飛び杼（梭）**は，織機の横糸を自動的に通す道具で，1733年に④「ジョン＝ケイ」によって発明された。

問3 ①の**ハーグリーヴズ**は多軸（ジェニー）**紡績機**を，③の**クロンプトン**はミュール紡績機を，④の**カートライト**は力織機を発明した。

問4・問5 ③－「ニューコメン」は，炭鉱の排水用に蒸気機関を開発した。この機関を改良したのが，③「ワット」である。

問6 スティーヴンソンは蒸気機関車を開発し，1825年にストックトン－ダーリントン間で実用化し，1830年には③「マンチェスター－リヴァプール間」で営業運転を始めた。

2 問1 七年戦争で多大な負債を抱えたイギリスは，1764年にイギリス領以外の西インド諸島からの安価な砂糖の輸入を禁じた④「**砂糖法**」を制定し，1765年には契約書や出版物などに印紙をはることを義務づけた②「**印紙法**」を制定したため，13植民地人は"**代表なくして課税なし**"と反対して撤廃させた。さらに，1773年に東インド会社に茶の独占販売権を与える①「**茶法**」を制定したため，**ボストン茶会事件**が起こった。③－「航海法」は七年戦争前。

問2 ①－レキシントンの戦いを機にアメリカ独立戦争が始まった。1781年の「**ヨークタウンの戦い**」で合衆国の決定的勝利となった。②－エカチェリーナ**2世**の提唱で成立したのは「**武装中立同盟**」。③－**コシューシコ**はワシントンの副官として活躍し，1794年からはポーランド分割反対闘争を指導した。

問3　③−憲法制定会議は，「フィラデルフィア」で開催された。

　問1　②ディドロや③ダランベールは，『百科全書』の編集に携わり，重農主義者として知られた④ケネーも，百科全書に執筆した。3人ともフランス革命前に亡くなっている。

問2　国民議会は，憲法制定まで解散しないことを誓った。これを③「球戯場の誓い」という。

問3　③−「ラ＝ファイエット」は，アメリカ独立革命にも参加した自由主義貴族。①−「オスマン」は，ナポレオン3世時代にパリの改造を実施した。②−ティエールは，プロイセン＝フランス戦争後には臨時政府の行政長官となり，パリ＝コミューンを鎮圧した。④−ギゾーは，七月王政下の首相として選挙法改革に反対し，二月革命をまねいた。

問4　④−「フランス銀行」は，ブリュメール18日のクーデタで総裁政府を倒し，統領政府を樹立したナポレオン＝ボナパルトが，1800年に設立した。

問5　マリ＝アントワネットの母は，オーストリア女帝マリア＝テレジア。

問6　立法議会では，立憲王政のフイヤン派を抑えて，ブルジョワ階層を基盤とした穏健共和主義のジロンド派が優勢となった。

問7　a−ジャコバン派によるジロンド派の議会からの追放は1793年6月。b−ルイ16世の処刑は1793年1月。c−ロベスピエールらの恐怖政治は，テルミドール9日のクーデタで倒され，1795年10月総裁政府が成立した。

要点を押さえる！ フランス革命の議会・改革

1)国民議会…封建的特権の廃止(地代は有償廃止)，「人権宣言」採択

　　　　　　1791年憲法(立憲君主制・制限選挙)

2)立法議会…ジロンド派政権はオーストリアに宣戦。

　　　　　　8月10日事件で王権停止

3)国民公会…王政廃止・(第一)共和政の宣言。ジャコバン派の独裁→

　　　　　　1793年憲法(施行延期)，封建地代の無償廃止，徴兵制の採用

　　　　　　最高価格令，理性崇拝，革命暦(共和暦)→1795年憲法

ウィーン体制とヨーロッパの再編

問題：本冊 p.60

1	問1	③	問2	④	問3	②	問4	④	問5	①	問6	②
	問7	①	問8	③	問9	③	問10	②				
2	問1	1	㊤	2	㊥	3	㊢	4	㊤	問2	㊢	
	問3	㋑	問4	㋐	問5	㋒	問6	㋑				

解説

1 問1 「**正統主義**」は，フランス革命以前の政治秩序を正統として その回復を図るという考えで，フランス外相の③「**タレーラン**」が主張した。

問2 **ナポレオン1世**は，1806年にプロイセン軍に大勝し，1807年の④「**ティ ルジット条約**」によって旧ポーランド領に**ワルシャワ大公国**を，またエルベ 川左岸にウェストファリア王国を設立した。

問3 1830年の**七月革命**の影響を受けてブリュッセルでの武装蜂起を機に，**ベ ルギーの独立**が宣言され，翌「**1831年**」にロンドン会議で国際的に承認され た。

問4 ④-「**ホセ＝リサール**」は，19世紀末，スペイン統治下のフィリピンで， **フィリピン民族同盟**を結成して啓蒙運動を指導した。

問5 **ギリシア**では，1821年から①「**オスマン帝国**」からの独立戦争が始まり， 1830年に独立が承認された。

問6 **シャルル10世**による議会の解散や言論統制，制限選挙などの反動政治が 原因で**七月革命**が起こり，オルレアン公②「**ルイ＝フィリップ**」が国王に迎 えられた。

問7 ①-「**マッツィーニ**」は，**青年イタリア**を組織してイタリアの統一実現を 図った。1849年，青年イタリアは**ローマ共和国**を樹立したが，フランス軍の 干渉で失敗に終わった。

問8 1858年にサルデーニャ首相**カヴール**とフランス皇帝**ナポレオン3世**が 結んだプロンビエールの密約に従って，③「**サヴォイアとニース**」がフラン スに割譲された。

問9 「**ドイツ関税同盟**」は，プロイセンの主導下に「**1834年**」に発足した。

問10 ②-「**議会は積極的に支持**」が誤り。**ビスマルク**は，議会を無視して軍備 拡張を強行した。

2 問1　**1**－(エ)「審査法」は，1673年に議会が制定し，公職就任者は国教徒に限るとした法律。**2**－審査法は廃止されたものの，カトリック教徒に対する差別は続いた。下院議員に当選し，議席を認められなかったアイルランドの(ウ)「オコンネル」らの尽力で，1829年**カトリック教徒解放法**が成立した。**3・4**－ナポレオン戦争後，1815年に大陸諸国からの安価な穀物輸入を禁じ，国内の地主を保護する**穀物法**が制定された。この保護貿易に対して，(ア)「コブデン」と(エ)「ブライト」ら自由貿易論者は反対運動を展開し，1846年穀物法廃止を実現した。

問2　(イ)－「エネルギー保存の法則」は，**マイヤー**と**ヘルムホルツ**が発見した。**メンデル**は遺伝の法則を発見した。(ウ)－「ダイナマイト」は，**ノーベル**が発明。**ダーウィン**は，『種の起源』を著し，進化論を発表した。(エ)－「ラジウム」は**キュリー夫妻**の発見。**モールス**は，電信機を発明した。

問3　(イ)－**グラッドストン自由党内閣**は，2回にわたって**アイルランド自治法案**を議会に提出したが，いずれも成立しなかった。1914年アイルランド自治法が成立し，1922年アイルランド自由国が自治領として認められた。(ア)－アイルランドがEC（ヨーロッパ共同体）に加盟したのは1973年。(ウ)－シン・フェイン党は，1905年に独立をめざして結成され，1916年にはダブリンで**イースター蜂起**を起こしたが失敗した。(エ)－1949年**イギリス連邦**から離脱し，国号をアイルランド共和国と改称した。(ア)(ウ)(エ)はすべて20世紀の出来事で，設問条件の19世紀ではない。

問4　**第1回選挙法改正**は，1832年にホイッグ党内閣のもとで実現し，(ア)「腐敗選挙区が廃止され」，都市の**産業資本家**に選挙権が拡大した。選挙権の与えられなかった労働者は，男性普通選挙，秘密投票など6カ条からなる**人民憲章**を掲げて**チャーティスト運動**を展開した。(イ)は**第4回選挙法改正**（1918）で実現し，また30歳以上の女性に選挙権が与えられた。

問5　資本主義の弊害を批判して社会主義思想が生まれ，(ウ)「オーウェン」やフランスの**サン＝シモン**，**フーリエ**らが，労働者を保護する社会の実現を唱えた。

難 問6　(イ)－「ベルギー」ではなく，「イタリア」で王政が廃止され，共和政となった。

南北アメリカと19世紀の文化

問題：本冊 p.64

> **1** 問1 ④ 問2 ④ 問3 ① 問4 ① 問5 ①
> **2** 問1 イ 問2 ア 問3 ア 問4 カ 問5 オ 問6 イ
>   問7 ウ

解説 **1** 文章中の「第3代大統領」はジェファソン，「第5代大統領」はモンロー，「第7代大統領」はジャクソンである。

問1 **ア**－ラテンアメリカ諸国の独立運動で政情不安が続く「スペイン」から**フロリダ**を買収した。**イ**－アメリカ合衆国は，**テキサス**を併合したあと，国境紛争を背景に起こった**アメリカ＝メキシコ戦争**に勝利し，1848年「メキシコ」から**カリフォルニア**を獲得した。この年，カリフォルニアで金鉱が発見され，**ゴールドラッシュ**が起こった。

問2 ④－「ジャクソン」は，初の西部出身の大統領で，西部自営農民や都市小市民の支持を得た。ジャクソン支持派は，**民主党**を結成した。

問3 18世紀末に①「ホイットニー」が，綿花の繊維と種子を分離する綿繰り機を発明し，以後，アメリカ南部に奴隷制に基づく綿花栽培が発達した。

問4 ①－女性作家「ストウ」の『**アンクル＝トムの小屋**』は，人道主義的な立場から奴隷解放の気運を促進した。②－**スウィフト**は，アイルランド生まれで，イギリス社会を風刺した『ガリバー旅行記』を著した。③－**ホイットマン**は，『草の葉』などを著したアメリカの詩人。④－**ミルトン**はピューリタン革命に参加し，ピューリタン文学を代表する叙事詩『失楽園』を口述した。

問5 ②－アメリカ連合国の首都は，ヴァージニア州の「リッチモンド」。③－「リー」は南軍の総司令官で，北軍の将軍グラントに敗れた。④－リンカンは，奴隷制拡大に反対する「**共和党**」から立候補して大統領に当選した。

2 問1 **B**－「一院制」が誤り。アメリカ合衆国憲法では，大統領制のもと，議会は州代表からなる上院と人口に比例して選出される下院の「二院制」がとられた。

問2 **A**－フランス軍のポルトガル侵攻で，植民地ブラジルに避難していた王が，ナポレオン失脚後に帰国し，その王子が1822年に独立を宣言してブラジ

ル皇帝に即位した。文は正しい。**B**－**シモン＝ボリバル**は，1819 年に**大コロンビア共和国**を建国した。文は正しい。共和国からは，のちベネズエラ・エクアドルなどが分離した。**C**－「**サン＝マルティン**」は，アルゼンチン・チリ・ペルーの独立運動を指導した。メキシコでは，カトリック司祭の「**イダルゴ**」の指導でスペインからの独立運動が始まり，1821 年本国での立憲革命に乗じて独立が宣言された。従って，文は誤り。

問 3　下線部(3)前後の文章は，アメリカ大統領モンローによる**モンロー教書**(宣言)を記述している。ラテンアメリカへの経済進出を図る「**イギリス**」の外相**カニング**も，モンロー教書に同調し，諸国の独立を支持した。

問 4　**A**－**フロンティア**は，開拓地域と未開拓地域の境界をいう。1890 年の国勢調査で，フロンティアの消滅が宣言された。「1850 年」は誤り。**B・C**－先住民強制移住法は，第 7 代大統領「**ジャクソン**」が定め，先住民をミシシッピ川以西の保留地に追いやった。従って，**B**は「モンロー大統領」が誤り。**C**は正しい。

問 5　**A**－**アメリカ連合国**は，奴隷制拡大に反対する共和党の**リンカン**が大統領に当選したのに反発した南部諸州が，1861 年に結成した。**B**－**カンザス・ネブラスカ法**は，奴隷州か自由州かの選択は，住民に委ねるとした法で，1854 年に制定された。奴隷制拡大に反対する勢力が**共和党**を結成した。**C**－リンカンの**奴隷解放宣言**は，1863 年に公布された。従って，**B→A→C**の順。

問 6　**イ**－「**セオドア＝ローズヴェルト**」は，国内では**革新主義**を掲げる一方，対外的には**棍棒外交**と呼ばれるカリブ海政策を推進し，コロンビアからパナマを独立させ，**パナマ運河**の工事権・租借権を得た。**オ**－**マッキンリー大統領**もアメリカ＝スペイン戦争を起こして**キューバ**を独立させたうえで事実上保護国化し，**フィリピン・グアム・プエルトリコ**を獲得するなど，カリブ海政策を強行した。また，**ウ**－タフトの外交政策は，「**ドル外交**」と呼ばれる。

問 7　**ウ**の「ケネディ政権」が誤り。1959 年，**キューバ革命**を起こして親米バティスタ政権を打倒した**カストロ**は，土地改革や企業国有化に着手し，アメリカ系資産も接収した。1961 年 1 月，アメリカ合衆国の「**アイゼンハワー政権**」はキューバと国交を断絶した（2015 年に正常化）。その 10 数日後に**ケネディ**が大統領に就任した。

問題：本冊 p.68

1 問1 1 イ 2 コ 3 キ 4 ウ 問2 エ
問3 タンジマート(恩恵改革) 問4 ア

2 問1 (4) 問2 (4) 問3 (1) 問4 (2) 問5 (2) 問6 (3)
問7 (4) 問8 (3) 問9 (1) 問10 (3) 問11 (1)

解説

1 問1 **1**−オスマン艦隊は，スペイン・ヴェネツィア・ローマ教皇連合艦隊に，ギリシアのコリント湾口の「レパント」で敗北した。**2**−スルタン直属の歩兵軍団「イェニチェリ」は，1826年に廃止され，西洋式の新軍が創設された。**3**−ギュルハネ勅令を発布した「アブデュルメジト1世」は，ムスリムと非ムスリムの法的平等，生命・名誉・財産の保障を宣言した。**4**−南下政策を進める**ロシア**は，オスマン帝国領内のギリシア正教徒保護を口実に「1853年」に**クリミア戦争**を始めたが，結局，敗北した。

問2 **エ**−「メフメト2世」が，コンスタンティノープルを攻略した。

問3 「タンジマート」は，イスラーム国家から法治主義的近代国家への転換を図った改革であったが，反発する勢力も多く，改革は徹底しなかった。

問4 クリミア戦争では，ロシアの南下を阻止するため，**イギリス**とナポレオン3世の「フランス」がオスマン帝国を支援した。戦争末期にはサルデーニャ王国も参戦した。戦争に敗れたロシアの**アレクサンドル2世**は，1861年に**農奴解放令**を発布するなど改革を進めた。

2 問1 **A**がオランダ，**B**がスペイン，**C**がフランス，**D**がイギリスであることは，選択語句がなくても答えられる基礎知識。

問2 オランダ東インド会社が，(4)「バタヴィア」に商館を建設した。

問3 (1)−「マニラ」は，スペインが16世紀後半に建設した港市で，太平洋を経由する**アカプルコ貿易**の拠点とされ，メキシコ銀と中国の絹・陶磁器が取り引きされた。

問4 (2)−「阮福暎」は，1802年西山(タイソン)朝を倒して**阮朝**を建て，清に朝貢した。(1)−**劉永福**は，太平天国の乱後，ベトナムに逃れて阮朝に仕え，**黒旗軍**を編制してフランスの侵略に抵抗し，**清仏戦争**でもフランスと戦った。

問5 **エ**−ナポレオン3世治下のフランスは，インドシナへ侵略し(仏越戦争)，

1862年に「サイゴン条約」でコーチシナ(ベトナム南部)の東部を獲得した。

オ−フランスのベトナム保護国化に対して，宗主権を主張する清がこれを認

めず，1884年**清仏戦争**が勃発した。清は敗北し，1885年「天津条約」を結ん

だ。**キ・コ**−**アヘン戦争**の講和条約は，1842年の「南京条約」。**アロー戦争**

の講和条約は，1860年の「北京条約」である。いずれも基礎事項。

問6 **(3)**−「林則徐」はアヘン厳禁策を主張し，欽差大臣として広州に派遣さ

れ，アヘンの没収廃棄を行い，アヘン貿易を厳禁した。**(1)**−**曾国藩**は，**李鴻**

章らとともに郷勇を組織して**太平天国**の鎮圧に尽力し，また**洋務運動**を推進

した。**(2)**−梁啓超は，**康有為**のもとで立憲君主政への移行など**変法自強**に参

画したが，西太后や**(5)袁世凱**らによる**戊戌の政変**で，日本に亡命した。**(4)**−

章炳麟は，20世紀初めに革命団体の光復会を結成した。

問7 1842年の**南京条約**によって「香港島」がイギリスに割譲された。1860年

の北京条約で香港島対岸の**九竜半島**南部もイギリス領となり，イギリスの貿

易港として繁栄した。

問8 **(3)**−「アロー戦争」は，アロー号事件を口実に，イギリスがフランスを

誘って開戦した。この戦争で，英仏連合軍は北京に攻め入り，かつてイエズ

ス会宣教師**カスティリオーネ**が設計した離宮・**円明園**を掠奪・破壊した。敗

れた清は1860年**北京条約**を結んだ。

問9 1689年に**ネルチンスク条約**，1727年に**キャフタ条約**が締結され，その後

もロシアは，太平天国の乱とアロー戦争で動揺する清に迫り，1858年に「ア

イグン条約」で黒竜江(アムール川)以北を獲得し，1860年の「北京条約」で

ウスリー江以東(沿海州)を獲得した。さらに中央アジアのイスラーム教徒の

反乱を機にイリ地方に出兵し，1881年に「イリ条約」を締結し，国境を画定

した。

問10 ドイツが租借したのは山東半島南西部の「膠州湾」で，「青島」が建設さ

れた。

問11 **(1)**−「ジョン＝ヘイ」は，1899年と1900年に中国に関する**門戸開放，機**

会均等，領土保全の3原則を提唱した。

1	問1	1 (I)	2 (O)	問2 ① (D) ② (G)	問3 (K)

問4 ① (Q) ② (N) 問5 (C)

2	ア	イ	ウ	エ	オ	カ	キ	ク
	(05)	(17)	(08)	(02)	(12)	(15)	(20)	(10)

3	問1 ④ 問2 ③ 問3 ②

解説

1 問1 **1**－銀行資本と産業資本の融合体を「金融資本」という。
2－繊維産業など軽工業を中心に，石炭を動力源とした**第1次産業革命**に対して，「第2次産業革命」は，石油や電力を動力源に重化学工業が発展した。

問2 ①－インド大反乱（シパーヒーの反乱）で，1858年ムガル帝国を滅ぼし，東インド会社を解散させたイギリスは，インドを本国政府の直接支配下におき，「ディズレーリ」首相は，1877年に**ヴィクトリア女王**を皇帝とする**インド帝国**を成立させた。②－1862年**サイゴン条約**でコーチシナ東部を獲得し，翌年に**カンボジア**を保護国化したフランスは，1883年ユエ（フエ）条約でベトナム全土を支配下においた。これを認めない宗主国の清との間で，1884年に「清仏戦争」が起こり，清は敗北した。フランスは，1885年の**天津条約**で清の宗主権を放棄させ，1887年，ベトナムとカンボジアをあわせて**フランス領インドシナ連邦**を樹立し，1899年にラオスも加えた。

問3 ロシア＝トルコ（露土）戦争の講和条約であるサン＝ステファノ条約に，イギリスとオーストリアが抗議したため，**ビスマルク**は1878年「ベルリン会議」を開催した。調停の結果，イギリスはキプロス島を得，オーストリアはボスニア・ヘルツェゴヴィナの統治権を得た。

問4 ①－縦断政策をとるイギリスと横断政策のフランスの軍隊が対峙した「ファショダ事件」は，フランスが譲歩して解決した。**2**の**カ**の解説も参照。②－アメリカ合衆国の**マッキンリー**大統領は，1898年キューバの独立支援を口実に「米西（アメリカ＝スペイン）戦争」を起こし，スペインから**フィリピン・グアム・プエルトリコ**を獲得。さらに独立させたキューバを保護国化した。

問5 フランス革命100周年を記念して，パリで結成されたのは，「第2イン

ターナショナル」。ドイツ社会民主党が中心となった。

2 **ア**−**クライヴ**の率いるイギリス東インド会社軍が，カルカッタ北方の「プ
ラッシーの戦い」で，フランス・ベンガル太守連合軍を破った。**イ**−イギリ
スは，**ペナン**(1786)・**シンガポール**(1819)・**マラッカ**(1824)を獲得し，1824
年に結んだオランダとの協定で，マレー半島をイギリスの勢力圏と認めさせ，
1826年これらをあわせて「**海峡植民地**」を成立させた。**ウ**− **1** の**問2**の**①**
を参照。**エ**−**イギリス＝ビルマ戦争**(ビルマ戦争)で，イギリスは1885年に
「**コンバウン朝**」を滅ぼし，翌1886年ビルマ全土をインド帝国に併合した。
オ− **1** の**問2**の**②**を参照。**カ**−サハラから**ジブチ**への横断政策をとるフラン
ス軍と，アフリカ縦断政策をとる**キッチナー**指揮下のイギリス軍が，1898年
スーダンのナイル河畔の「**ファショダ**」で遭遇し(ファショダ事件)，両国は
緊張した。翌年イギリスがスーダンを，フランスがモロッコを勢力圏とする
ことで妥協が成立した。**キ**− **1** の**問4**の**②**の解説を参照。**ク**−19世紀に，イ
ギリスは**フィジー**や**パプア**，フランスは**タヒチ**や**ニューカレドニア**などを領
有し，1880年代以降ドイツも南太平洋地域に進出した。

3 **問1** **④**−**南アフリカ**(ブール)**戦争**は，イギリスの植民地相ジョゼ
フ＝チェンバレンが強行したブール(ボーア)人の国家である**トランスヴァー
ル・オレンジ両国**に対する侵略戦争。**①**−「フランス」と「イギリス」が入れ
替わっている。**②**−南アメリカ諸国は，19世紀後半から，アメリカ合衆国が
主導する**パン＝アメリカ会議**に結集していた。**③**−「ヴィルヘルム1世」が誤
り。「ヴィルヘルム2世」が世界政策を推進した。

問2 **③**−1878年の**ベルリン会議**に関する記述。1884〜85年にビスマルクが開
催したベルリン会議は，ベルギー王**レオポルド2世**の**コンゴ**領有の画策を調
停するために開かれた。この会議は，ベルリン＝コンゴ会議ともいわれる。

問3 20世紀初め，アフリカ大陸の独立国は，**②**「リベリア」と北東部の**エチ
オピア**の2国である。前者のリベリア共和国は，19世紀前半にアメリカ植民
協会が解放された黒人奴隷を入植させ，1847年に建国された。国名はリバ
ティ(自由)に由来する。

1 問1 ③ 問2 ① 問3 ② 問4 ④
2 問1 タンジマート(恩恵改革) 問2 ウ
問3 統一と進歩団(統一と進歩委員会[青年トルコ人])

解説 **1** 問1 **ア**−1894年に**孫文**が華僑を中心にハワイで結成した**興中会**や，光復会・華興会など革命諸派は，1905年「東京」で孫文を総理に**中国同盟会**を組織し，孫文の掲げる**三民主義**を採択した。**イ**−1919年，パリ講和会議で，中国が要求した山東省の利権返還と二十一カ条の要求の破棄が列強に拒否されたため，「**五・四運動**」が起こった。民族運動の広がりを受けて，孫文は**中国国民党**を組織した。選択肢の「**五・三〇運動**」は，1925年，上海での労働争議を契機に，労働者・学生・民族資本家が一致して起こした反帝国主義運動。

問2 **北京議定書(辛丑和約)**は，**義和団**事件の講和議定書。そのなかで，清朝は外国軍の北京駐兵権を認めた。②はアロー戦争の**天津条約**，③はアヘン戦争の**南京条約**，④は日清戦争の**下関条約**に関する事項である。

問3 **日清戦争**の下関条約による**遼東半島**の日本への割譲に反対したロシアはフランス・ドイツを誘って**三国干渉**し，日本に遼東半島を返還させた。「**ロシア**」はその見返りとして，1896年に**東清鉄道の敷設権**を獲得した。日露戦争の**ポーツマス条約**によって，東清鉄道の長春〜旅順とその沿線の利権が日本に譲渡され，1906年日本は**南満州鉄道株式会社**を設立した。

問4 **袁世凱**は，④「**光緒帝**」ではなく，「**西太后**」の側についた。この**戊戌の政変**で，光緒帝は幽閉され，西太后が復権して戊戌の変法は挫折した。

‼ まとめて覚える！ // 清末の結社・組織のスローガン

☆ 「**滅満興漢**」…**洪秀全**の太平天国が，清朝打倒・漢族国家の再興を主張
☆ 「**扶清滅洋**」…義和団が武力的排外運動として掲げた
☆ 「**三民主義**」…孫文が提唱。**民族**の独立・**民権**の伸張・**民生**の安定

2 問１　オスマン帝国の**アブデュル＝メジト１世**が，1839年ギュルハネ勅<ruby>勅<rt>ちょくれい</rt></ruby>令を発布して軍事・行政など西欧化をめざす改革に着手した。この改革は「**タンジマート**」と呼ばれる。しかし保守派の抵抗も強く，改革推進の財源を外資導入にたよったため，かえってイギリス・フランスの経済的支配が強まり，改革は徹底しなかった。

問２　クリミア戦争後，オスマン帝国では若手官僚を中心に立憲運動が起こり，<ruby>宰<rt>さいしょう</rt></ruby>相「**ミドハト＝パシャ**」のもとで，1876年，二院制議会と責任内閣制を採用した**ミドハト憲法**が制定され，翌1877年には議会も開設された。しかし，同年**ロシア＝トルコ**(<ruby>露土<rt>ろと</rt></ruby>)**戦争**が勃発すると，**アブデュル＝ハミト２世**は憲法を停止し，議会も閉鎖した。

問３　ミドハト憲法の復活をめざした**青年トルコ**(人)と呼ばれた人々を中心に「**統一と進歩団**(統一と進歩委員会)」が組織され，1908年**青年トルコ革命**に成功して政権を獲得した。青年トルコ革命を機に，非トルコ系のブルガリアが独立し，オーストリアはボスニア・ヘルツェゴヴィナを併合した。

‼️ まとめて覚える！　19世紀末から20世紀初の民族運動

☆**インド**…インド国民会議の開催(1885)→英の**ベンガル分割令**(1905)

　→国民会議**カルカッタ大会**(1906)…ティラクらが主導，英貨<ruby>排斥<rt>はいせき</rt></ruby>・スワデーシ(国産品愛用)・スワラージ(自治獲得)・民族教育の４<ruby>綱領<rt>こうりょう</rt></ruby>採択→ムスリムは親英的な**全インド＝ムスリム連盟**を組織(1906)

☆**インドネシア**…**イスラーム同盟**(サレカット＝イスラーム)の成立(1912)→反オランダ独立運動に発展

☆**フィリピン**…**ホセ＝リサール**の民族<ruby>啓蒙<rt>けいもう</rt></ruby>運動→**アギナルド**を中心にフィリピン革命(1896〜1902)→アメリカ＝スペイン(米西)戦争後，アメリカ領

☆**ベトナム**…ファン＝ボイ＝チャウらの**ドンズー**(東遊)**運動**(20世紀初)

☆**イラン**：**タバコ＝ボイコット運動**(1891)…カージャール朝とイギリスに抵抗→イラン立憲革命…イギリス・ロシアの干渉で挫折(1906)

☆**エジプト**：**ウラービー**(オラービー)(＝パシャ)の「エジプト人のためのエジプト」運動(1881〜82)→イギリスの出兵，事実上の保護国化

問題：本冊 p.78

1 問1 ④ 問2 ② 問3 ① 問4 ① 問5 ④
2 問1 ② 問2 ④ 問3 ④

解説

1 問1　1831 年オランダから独立したベルギーは，1839 年に永世中立国になった。ドイツ軍は，フランスを短期間で打倒する計画に従って，中立国「ベルギー」に侵入した。このドイツによる中立国侵犯を理由に，イギリスがドイツに宣戦した。

問2　②－ドイツ皇帝**ヴィルヘルム2世**が，敵国の「イギリス」へ亡命することはありえない。ヴィルヘルム2世は退位し，第一次世界大戦では中立の立場をとってきた「オランダ」に亡命した。

問3　**二月革命**後，亡命先のスイスから帰国し，「**四月テーゼ**」を発表したのは，①「**レーニン**」で，**メンシェヴィキ**と**社会革命党**が入閣する臨時政府との対決を主張した。

問4　①－「ヨーロッパ連合」(EU) は，1993 年**マーストリヒト条約**の発効によって発足した。ウィルソン大統領の提唱した「**十四カ条**」には，②・③・④のほか，軍備縮小，**民族自決**，植民地問題の公正な解決，国際平和機構の設立などが含まれる。

要点を押さえる！ **第一次世界大戦中のイギリスの三枚舌外交**

☆**フセイン（フサイン）・マクマホン協定**(1915)…イギリスに協力する見返りに，パレスチナを含む地域でアラブ人の独立を約束

☆**サイクス・ピコ協定**(1916)…戦後，イギリス・フランス・ロシアでオスマン帝国領の分割を約束

☆**バルフォア宣言**(1917)…イギリス外相バルフォアが，ユダヤ人のパレスチナ復帰運動（**シオニズム**）を支持

⇨戦後，サイクス・ピコ協定をもとに，シリアはフランスの，パレスチナ・トランスヨルダン・イラクはイギリスの**委任統治領**とされた

問5　オスマン帝国は，連合国と結んだ④「セーヴル条約」によってアラブ地域を失い，関税自主権も制限された。この不平等条約に反対する**ムスタファ＝ケマル**（**ケマル＝アタテュルク**）は，1920年アンカラに臨時政府を樹立し，1923年連合国と**ローザンヌ条約**を締結した。①「ヌイイ条約」はブルガリアが，②「サン＝ジェルマン条約」はオーストリアが，③「トリアノン条約」はハンガリーが，連合国と個別に結んだ条約。

2　問1　パリ講和会議は，アメリカの**ウィルソン**，イギリスの**ロイド＝ジョージ**，フランスの②「クレマンソー」らが主導した。

問2　④－ヴェルサイユ条約で，ドイツはすべての植民地を失った。

問3　①－アメリカ合衆国は，孤立主義をとる「上院」の反対で，ヴェルサイユ条約を批准（ひじゅん）しなかった。②－安全保障理事会は，国際連合の機関。③－敗戦国ドイツやソヴィエト政権は除外された。

要点を押さえる！ ┃┃ **国際協調と軍縮**

1) **ワシントン会議**（1921〜22）…アメリカ大統領ハーディングが提唱

　①**海軍軍備制限条約**…米・英・日本・仏・伊の主力艦保有比率を規定

　②**九カ国条約**…中国の主権尊重・門戸（もんこ）開放・機会均等を約す

　③**四カ国条約**…米・英・仏・日本が太平洋の現状維持→日英同盟解消

2) **ロカルノ条約**（1925）…ドイツの**シュトレーゼマン**とフランスのブリアンによる協調外交→ヨーロッパ諸国の集団安全保障

3) **不戦条約**（**ブリアン・ケロッグ条約**）（1928）…武力によらない紛争解決

4) **ロンドン（軍縮）会議**（1930）…米・英・日本の補助艦保有率を規定

5) ドイツ賠償（ばいしょう）問題

　①仏・ベルギーの**ルール占領**（1923〜25）→ドイツはハイパーインフレ

　②**ドーズ案**（1924）…アメリカ資本による経済復興と賠償金支払いの緩（かん）和（わ）

　③**ヤング案**（1929）…賠償総額の軽減

1 問1 ② 問2 ④ 問3 ① 問4 ④ 問5 ② 問6 ①

問7 ③ 問8 ④ 問9 ①

2 問1 1929 問2 関東軍 問3 溥儀 問4 新京

問5 国際連盟 問6 長城 問7 瑞金 問8 長征

問9 延安 問10 毛沢東

3 (1) トルコ (2) エジプト (3) う (4) く (5) こ (6) イラン

(7) サウジアラビア (8) パレスチナ (9) あ (10) え

解説 **1** 問1 ②−「日英同盟」を口実にドイツに宣戦した日本は，ドイツの租借地である「山東省」の膠州湾を攻撃し，さらに二十一カ条の要求を袁世凱に認めさせた。④−中国は，1917年アメリカ合衆国に続いて参戦した。

問2 ④−『新青年』は，1915年に陳独秀が創刊し，"科学と民主"を掲げて儒教批判を展開し，胡適は白話（口語）文学を唱えた。李大釗は，陳独秀とともに新文化運動を指導し，マルクス主義の紹介に努めた。

問3 ①−1919年制定のインド統治法は，インド人が求めた自治にはほど遠い内容で，同年には，令状なしで逮捕・投獄するローラット法が制定された。国民会議派は，ガンディーの指導のもと，非暴力・非協力（不服従）の運動を展開した。さらに，1929年のラホール大会で，ネルーらが主張する「プールナ＝スワラージ（完全独立）」を決議した。

問4 ④−「ドイツ」が誤り，「ロシア」が正しい。

（難）問5 ビルマ（ミャンマー）では，1930年，①サヤ＝サンが指導する農民運動が起こったが，イギリス軍に弾圧された。一方，大学生を中心に結成されたタキン党は，②「アウン＝サン」の指導のもと，反英独立運動を展開した。

問6 ホー＝チ＝ミンは，ベトナム青年革命同志会を母体に，1930年①「インドシナ共産党」を結成した。

問7 ③−トルコ共和国の首都は「アンカラ」である。

問8 ②−「セーブル条約」は，オスマン帝国が連合国と結んだ不平等条約。トルコ革命で政権を獲得したムスタファ＝ケマル（ケマル＝アタチュルク）は，1923年④「ローザンヌ条約」を結んで，不平等条約の撤廃に成功した。

問9　1882年以降，事実上イギリスの保護国とされた（正式には1914年）エジプトでは，1918年に結成された**ワフド党**を中心に独立運動が展開され，1922年**エジプト王国**として独立した。

2　問1　「**1929**」年10月，**ニューヨーク株式市場**の株価が暴落して，大恐慌（きょうこう）が起こり，各国に波及して**世界恐慌**となった。

問2～**難**問4　「関東軍（かんとうぐん）」は南満州鉄道と関東州の警備を担った日本陸軍部隊。1928年の張作霖爆殺（ちょうさくりん），1931年の満州事変を主導し，1932年には「溥儀（ふぎ）」を執政（しっせい）（のち皇帝）に満州国を建国し，長春を改称した「新京（しんきょう）」に首都をおいた。

問5・問6　リットン調査団報告を不満とした日本は，1933年「国際連盟」を脱退し，関東軍は熱河（ねっか）方面に侵攻し「長城（ちょうじょう）」以南に進出した。これに対して国民政府の蔣介石（しょうかいせき）は対日和平策をとり，1933年塘沽停戦協定（タンクー）を結んだ。

問7　1931年「瑞金」に中華ソヴィエト共和国臨時政府が成立した。

問8　問で漢字2字と指定されているので，「大西遷（だいせいせん）」は不可。

3　(1)　「1923年に共和政に移行」したのはトルコ共和国。ムスタファ＝ケマルは，**政教分離，女性解放**，ローマ字の採用など西欧化に努めた。

(2)　**1**の問9の解説を参照。

(3)・(4)　イギリスの委任統治領のうち，**イラク**は1932年に独立し，トランスヨルダンは1946年に**ヨルダン王国**として正式に独立した。

難(5)・(10)　レバノンは，フランスの委任統治領とされたシリアから分離して，1943年に独立を宣言した。**シリア**は1936年に自治が認められ，1946年に独立した。

(6)　1925年，**レザー＝ハーン**が**カージャール朝**を廃して**パフレヴィー朝**を開き，1935年には国名をペルシアからイランに改称した。

(7)　ムハンマド時代のイスラーム教への回帰をめざす**ワッハーブ派**の指導者イブン＝サウードは，1932年に**サウジアラビア王国**を建てた。

(8)　シオニズムは，パレスチナにユダヤ人国家の建設をめざした運動。1917年イギリス外相のバルフォアが，これを支持する**バルフォア宣言**を出した。

難(9)　第3次**アフガン戦争**(1919)の結果，イギリスはアフガニスタンの独立を承認した。

1 問1 ② 問2 ① 問3 ⑤ 問4 B ⑥ C ⑦
　　　問5 D ② E ② F ③ 問6 ア ② イ ⑦ ウ ④
　　　問7 ⑤
2 問1 1 (ア) 2 (エ) 3 (イ) 4 (ウ) 5 (ア)
　　　問2 (ア) 問3 (ア) 問4 (イ) 問5 (ア) 問6 (イ)

解説

1 **問1**　②－ヴェルサイユ条約と一連の講和条約によって成立した
ヨーロッパの新しい体制を、「ヴェルサイユ体制」という。この体制ではイギ
リスとフランスが主導権を握り、ドイツとソ連の孤立化が基本となった。

問2　①－アメリカ合衆国は、第一次世界大戦後、**債務国**から**債権国**になった
が、1920年代の共和党政権下では高率保護関税政策がとられ、対外的にも**孤
立主義**がとられた。

問3　⑤－第一次世界大戦後、「ニューヨーク」のウォール街が国際金融市場の
中心地となった。しかし、1929年10月、ウォール街の株式取引所での株価
の大暴落が引き金となって**世界恐慌**となった。

問4　**B**－1920年代、アメリカ合衆国では、ハーディング、クーリッジ、⑥
「フーヴァー」と、共和党政権が3代続いた。**C**－ニューディール政策から⑦
「F（フランクリン）＝ロ（ル）ーズヴェルト」は基礎知識。

問5　**D・F**－1929年成立した第二次マクドナルド内閣は、恐慌の波及に対し
て失業保険の支給減額など政府支出の削減を行った。このため、マクドナル
ドは与党の労働党から除名され、1931年保守党と自由党の協力を得て**挙国一
致内閣**を成立させた。**金本位制の停止**を実施し、**イギリス連邦経済会議**（オタ
ワ連邦会議）では、連邦内での特恵関税制度を設け、他国には保護関税をとる
スターリング（ポンド）＝ブロックを形成した。**E**－アウトバーンは、「ドイ
ツ」の高速自動車道路。1932年ケルン－ボン間で初めて開通した。

問6　ニューディールは、経済への政府の介入を特徴とし、1933年、企業に生
産や価格の規制をさせる「全国産業復興法（NIRA）」、農産物の生産調整と価
格の安定を図る**農業調整法**（AAA）、公共事業による雇用の拡大を図る「テネ
シー川流域開発公社（TVA）」などが制定された。さらに1935年には労働者の

団結権と団体交渉権を認めた「ワグナー法」が制定された。

問7　⑤−ドイツは**仏ソ相互援助条約**の調印を口実に，1936年ロカルノ条約を破棄して**ラインラント**に進駐した。①−**ヒトラー**の率いるナチ党は，1933年**国会議事堂放火事件**を利用して共産党を弾圧し，**全権委任法**を成立させてナチ党以外の政党や団体を解散させた。②−1935年に，住民投票によって併合したのは「ザール地方」。「ズデーテン地方」は，1938年の**ミュンヘン会談**でドイツ併合が承認された地域。③−ドイツは軍備平等権を主張して1933年に「国際連盟」から脱退。④−**スペイン内戦**に介入したドイツと，エチオピアを併合したイタリアが接近し，1936年に**ベルリン＝ローマ枢軸**が結成された。

2　問1　**1**−「スターリングラードの戦い」は第二次世界大戦の最大の激戦。**2**−1943年，連合軍がシチリアに上陸すると，ファシスト党の「ムッソリーニ」が失脚し，新たに成立したバドリオ政権は無条件降伏した。**3・4**−1944年連合軍は「ノルマンディー上陸」に成功し，まもなくパリを解放した。**自由フランス政府**を組織して抗戦してきた「ド＝ゴール」が，パリに入り，臨時政府を樹立した。

問2　(ア)−第1次五カ年計画は重工業最優先で，農業の集団化も推進された。(ウ)−1945年ソ連は**日ソ中立条約**を無視して「中国東北地方・朝鮮・樺太」に侵攻した。(エ)−1939年ポーランド西半はドイツが，東半はソ連が占領した。

問3　(イ)−ラインラントは「非武装地帯」とされた。(ウ)−「レンテンマルク」は1923年インフレ収拾のために**シュトレーゼマン**首相のもとで発行された紙幣。(エ)−**ナチ党**は，反ユダヤ主義を掲げ，ユダヤ人を迫害した。

問4・問5　**カイロ会談**では，1943年「ローズヴェルト（米）・チャーチル（英）・蔣介石（中）」の3首脳が対日処理の方針を決めた。この直後**テヘラン会談**が開かれ，ローズヴェルトとチャーチル，ソ連のスターリンによって連合軍の北フランス上陸作戦が協議され，1944年のノルマンディー上陸を実現させた。

問6　(イ)・(ウ)−「マーシャル＝プラン」は，合衆国主導のヨーロッパ経済復興援助計画であり，1947年，共産主義勢力を封じ込める**トルーマン＝ドクトリン**に続いて発表された。(ア)−ソ連と距離をおいたのは**ティトー**の「ユーゴスラヴィア」。(エ)−イタリアは，1946年に「王政が廃止され，共和政となった。」

1 問1 ④ 問2 ① 問3 ③ 問4 ② 問5 ④ 問6 ①
2 問1 ① 問2 ③ 問3 ③ 問4 ① 問5 ④

解説 **1** **問1** 1945年ベトナム独立同盟（ベトミン）の指導者ホー＝チ＝ミンが，ベトナム民主共和国の独立を宣言すると，再植民地化をめざすフランスが侵攻して**インドシナ戦争**が勃発した。④－「ベトナム国」は，フランスが阮朝（げん）の旧皇帝バオダイを担ぎ出して樹立した傀儡（かいらい）国家。1954年のジュネーヴ**休戦協定**を無視し，1955年にアメリカの支援を受けた**ゴ＝ディン＝ディ（ジ）エム**が，バオダイを追放し北緯17度線の南に「ベトナム共和国」を樹立した。

問2 イギリス領であったマレー半島は，1957年に**マラヤ連邦**として独立し，1963年にシンガポール，ボルネオ北部のサバ・サラワクを加えて**マレーシア**が形成された。しかし，マレー人優遇政策に反発して，1965年中国系住民の多い①「シンガポール」が分離・独立した。

問3 ③－「オランダ領東インド」と呼ばれたインドネシアは，1945年**スカルノ**が独立を宣言し，オランダと独立戦争を続け，1949年に独立を承認させた。

問4 ②－「ジンナー」は，全インド＝ムスリム連盟の指導者で，イスラーム教徒の国家**パキスタン**の建国を主張し，統一インドの独立を主張する国民会議派の**ガンディー**と衝突した。1947年インド独立法が制定され，ヒンドゥー教徒主体のインド連邦とムスリムのパキスタンの2国に分かれて独立した。なお，両国の独立の際，ヒンドゥー教徒のカシミール藩王はインド帰属を決定したが，住民の大半を占めるムスリムが反乱（はんらん）を起こし，これを機に**インド＝パキスタン戦争**（第1次）に拡大した。カシミールの帰属をめぐってインド・パキスタン両国の紛争は続き，未だ解決していない。

問5 「パレスチナ解放機構（PLO）」は，パレスチナを追われ離散したパレスチナ人（アラブ人）が，1964年に組織した政治機構。1969年にPLOの議長に就任したのが，④「アラファト」。かれはイスラエルとの武装闘争を指揮したあと，1993年にイスラエルと**パレスチナ暫定（ざんてい）自治協定**（オスロ合意）を結び，翌年，PLO主導の自治政府を樹立した。

問6 1952年，④の「ナギブ」とともに自由将校団を率いて**エジプト革命**に成

功し，1954年に政権を握った①「ナセル」は，1956年アスワン＝ハイダムの建設資金確保のため，**スエズ運河国有化**を宣言した。これに反発したイギリス・フランス・イスラエルがエジプトに侵攻し**第2次中東戦争（スエズ戦争）**が勃発した。国際的非難と国連の仲介で，英・仏・イスラエルは撤退した。

2 **問1** ①−「李承晩」は，1919年**三・一独立運動**に際して，上海で大韓民国臨時政府を樹立するなど，早くから独立解放運動を指導してきた。第二次世界大戦後，朝鮮半島は**北緯38度線**を境界に分断されたが，1948年李承晩は，半島南部に**大韓民国（韓国）**を建国し，初代大統領に就任した。親米・反共の独裁政治をとったため，1960年学生を中心とする民主化運動が高まり，失脚した。翌年に軍事クーデタで権力を掌握したのが，③「朴正熙」である。④−「安重根」は，日露戦争後，韓国に対する日本の実質的支配に抵抗した義兵闘争に参加した民族運動家で，1909年ハルビンで前韓国統監の伊藤博文を暗殺した。

問2 ①−「金日成」は，1930年代から抗日戦に参加したとされ，1948年朝鮮半島北部にソ連の支援を受けて**朝鮮民主主義人民共和国（北朝鮮）**を建て，首相に就任した。北朝鮮は，1950年に統一をめざして南進し，**朝鮮戦争**が勃発した。金日成の後継者が，①の「金正日」。かれは2000年韓国大統領の金大中と会談した。

問3 ③−「周恩来」は，中華人民共和国の首相になり，中ソ友好同盟相互援助条約を締結し，インドのネルーと「**平和五原則**」を提唱，1955年には**アジア＝アフリカ会議**（バンドン会議）を主導するなど，中国外交で活躍した。

問4・問5 人民公社の設立などの**大躍進政策**に失敗した毛沢東に代わって，国家主席に就いたのは「劉少奇」。かれは，鄧小平らと急進的な計画経済の見直しを図った。これに毛沢東が反発し，1966年から青少年を中心とする「**紅衛兵**」を動員し，劉少奇や鄧小平らを"走資派・実権派"と称して**プロレタリア文化大革命**を起こした。劉少奇らは失脚し，毛沢東が復権した。

1 問1　A　①　B　⑤　C　⑤　D　②　E　④　問2　②
2 問1　①　問2　④　問3　②

解説　**1** 問1　**A・B**－1954年，中国の「周恩来」首相とインドの「ネルー」
首相がチベット問題で会談し，そのなかで「平和五原則」が提唱された。
C－「アジア＝アフリカ会議」は，1955年，日本を含む29カ国が参加して，
インドネシアのバンドンで開催され，「バンドン会議」ともいわれる。インド
のネルー首相，インドネシアのスカルノ大統領，中国の周恩来首相，エジプ
トのナセル首相が主導し，1954年にネルーと周恩来が発表した平和五原則を
さらに具体化した**平和十原則**を採択した。

> **知って得する！** 　**1960年代の第三世界の連携**
>
> ☆**第1回非同盟諸国首脳会議**(1961)…ユーゴスラヴィアのベオグラードで
> 開催→平和共存，民族解放の支援，植民地主義打倒をめざす
> ☆**アフリカ諸国首脳会議**(1963)…エチオピアのアディスアベバで開催→
> **アフリカ統一機構**(OAU)の結成→**アフリカ連合**(AU)に発展(2002)

D②－「自由将校団」は，第二次世界大戦末期に，ナギブやナセルらによって
結成された。1952年に**エジプト革命**を起こし，1953年に国王を追放して共和
国を樹立した。**⑤**－ワフド党は，第一次世界大戦のパリ講和会議に，エジプ
トが送った代表団を中心に発展し，1924年以降政権を担ったが，エジプト革
命後の1953年に解散。**④**－タキン党は，1930年代にビルマ（ミャンマー）で
組織された結社で，**アウン＝サン**らがイギリスからの独立運動を指導した。
E－1954年エジプトの政権を握った④「**ナセル**」は，経済開発を目的にアス
ワン＝ハイダムの建設をめざしたが，ソ連寄りの外交姿勢に，アメリカ・イ
ギリスが反発し，ダム建設資金の援助を停止した。1956年，ナセルが財源確
保のため，**スエズ運河の国有化**を宣言すると，イギリス・フランス・イスラ
エルがエジプトを攻撃し，**スエズ戦争**（**第2次中東戦争**）が勃発した。
問2　**②**－「集団防衛の排除」は，アジア＝アフリカ会議で確認された平和十原

則のひとつ。「平和的共存」が正しい。

要点を押さえる！ 　　**中東戦争**

1) **第1次中東戦争（パレスチナ戦争）**（1948〜49）…国際連合のパレスチナ分割
　案→**イスラエルの建国に****アラブ連盟**が反対→イスラエルは独立確保

2) **第2次中東戦争（スエズ戦争）**（1956〜57）…ナセル大統領の**スエズ運河国有
化宣言**→国際連合の勧告で英・仏・イスラエルは撤兵

☆**パレスチナ解放機構（PLO）の設立**（1964）…イスラエルに抵抗

3) **第3次中東戦争**（1967）…エジプト・シリア・ヨルダンは敗北，イスラエル
　がシナイ半島などに占領地を拡大

4) **第4次中東戦争**（1973）…アラブ石油輸出国機構（OAPEC）が**石油戦略**
　→（第1次）オイル＝ショック（石油危機）

☆**エジプト＝イスラエル平和条約**（1979）…エジプトの**サダト**大統領とイスラ
エルのベギン首相が調印→シナイ半島をエジプトへ返還（1982）

---

2 **問1** **ア**－年表の「中印国境紛争」は，1959年に起こった「チベット反乱」
を中国人民解放軍が鎮圧し，**ダライ＝ラマ14世**がインドへ亡命したのを機
に，中国とインドの関係が悪化したことが原因。**イ**－**ベトナム戦争**の長期化
で，国際収支が深刻化したアメリカ合衆国の「ニクソン」大統領は，ベトナ
ムに対して強い影響力をもつ中国との関係改善を模索した。一方**中ソ論争**（中
ソ対立）が激化し，ソ連と国境での武力衝突を起こした中国も，アメリカなど
西側諸国への接近を図った。1972年ニクソン訪中で米中和解が実現した。翌
1973年ベトナム和平協定が成立し，アメリカ軍はベトナムから撤退した。

問2 1978年，**鄧小平**らは「**改革開放**」政策を打ち出し，農業・工業・国防・
科学技術の④「四つの現代化」を推進した。

問3 「天安門事件」は，学生・市民らによる民主化要求の運動が，人民解放軍
によって武力弾圧された事件で，鄧小平は運動に同情的な趙紫陽総書記を解
任し，②「江沢民」を後任とした。

問題：本冊 p.92

1	問 1	イ	問 2	ウ	問 3	オ	問 4	イ	問 5	オ	問 6	ア
	問 7	ウ	問 8	オ	問 9	エ	問10	イ	問11	エ	問12	エ
2	問 1	④	問 2	②	問 3	③	問 4	④	問 5	①	問 6	③
	問 7	②	問 8	③	問 9	①	問10	①				

解説　**1** 問1　**ドイツ革命**によって**ホーエンツォレルン家**のドイツ帝国が，**二月革命**(三月革命)で**ロマノフ朝**のロシア帝国が，帝国領内の諸民族の独立とカール1世の退位によって**ハプスブルク家**の「オーストリア゠ハンガリー帝国」が崩壊した。

問2　**ウ**－「ブルガリア」は，1908年に起こった**青年トルコ革命**に乗じてオスマン帝国から完全独立し，第一次世界大戦では同盟国側で参戦した。

問3　レーニンは，**十一月革命**(十月革命)で**ケレンスキー**の臨時政府を倒した。

（難）問4　**イ**－「シュペングラー」は，ドイツの歴史哲学者。第一次世界大戦の体験をもとに，従来のヨーロッパ中心主義的で，進歩主義的な歴史観をくつがえす『**西洋の没落**』を著した。

（難）問5　**クーデンホーヴェ゠カレルギー**の母は日本人。かれは，第一次世界大戦後，「パン゠ヨーロッパ」構想を提唱し，ヨーロッパ統合の必要性を訴えた。

（難）問6　第二次世界大戦後，東ヨーロッパでは共産党を中核とする政権が成立し，ソ連の影響力が強まった。1946年，イギリスの前首相**チャーチル**は，ソ連がバルト海からアドリア海まで「鉄のカーテン」をおろしたと批判し，冷戦の到来を予想した。**ウ**－カーゾン線は，第一次世界大戦後，イギリス外相カーゾンが提唱したポーランドとソ連との間の国境線。ポーランドは承服せず，ポーランド゠ソヴィエト戦争が起こった。**オ**－マジノ線は，1930年以来，フランスがドイツとの国境に構築した要塞線。**ウ・オ**とも細かいデータである。

（難）問7～問9　「ヨーロッパ石炭鉄鋼共同体(ECSC)」は，シューマン゠プランを受けて，「フランス・西ドイツ・イタリア・ベネルクス3国」によって発足した。

問10　**7**－「経済相互援助会議(コメコン)」は，**マーシャル゠プラン**(ヨーロッパ経済復興援助計画)に対抗して，1949年にソ連を中心とした共産圏諸国の経済協力機関として設立された。**8**－「ワルシャワ条約機構」は，北大西洋条

約機構（**NATO**）と西ドイツの再軍備の動きに対抗して，1955 年に成立した。

問 11 ヨーロッパ統合をめざすヨーロッパ連合条約は，オランダの「マーストリヒト」で開かれた EC 加盟国の首脳会議で調印された。

問 12 スウェーデンは 1995 年に，リトアニアは 2004 年に EU に加盟した。ノルウェー・アイスランド・スイスは，EU に未加盟。(2018 年現在)

2 **問 1** ②は 1950 年→①は 1971 年→③は 1972 年→④ 1992 年の順になる。従って「1976 年」以降の出来事は④になる。

問 2 ②−「周恩来」は，1949 年中華人民共和国の建国当初から首相を努めた。①は溥儀，③は魯迅に関する文。④−「香港返還協定」は，周恩来の死去後の 1984 年である。

問 3 ③−1931 年中国共産党は，江西省の瑞金に**中華ソヴィエト共和国臨時政府**を樹立し，毛沢東が主席に就任した。①−カイロ会談で，イギリスのチャーチル，アメリカ合衆国のローズヴェルトと会談したのは，蒋介石である。
②−**中国同盟会**は，1905 年孫文を中心に東京で結成された。④−文化大革命で毛沢東に「実権派（走資派）」と批判された劉少奇や鄧小平は失脚した。

問 4 ④−「江青」は毛沢東の妻。周恩来死後，首相となった③華国鋒は，毛沢東死後に江青ら「**四人組**」を逮捕し，文化大革命を終息させた。

問 5 マカオは，1557 年に**ポルトガル**が居住権を得，1887 年正式にポルトガル領となった。

問 6 第二次世界大戦後，「北緯 38 度」線を境界に北をソ連が，南をアメリカ合衆国が占領下においた。

問 7 ③の**李承晩**政権が崩壊したあと，①の張勉内閣を軍事クーデタで倒して政権を握った②「朴正熙」は，1965 年に**日韓基本条約**を締結し，一方，反共独裁体制を維持した。

問 8・問 9 「全斗煥」らによる軍事政権に反発して，「光州」で民主化運動が起こったが，武力弾圧された。

問 10 問題文中の文民とは，職業軍人の経歴をもたない人をいう。①「金泳三」が文民政権を成立させ，それをついだ金大中は，2000 年に北朝鮮の金正日と会談した。